weissbooks.w

Der Verlag bedankt sich bei der
Literaturstiftung Oberschwaben,
beim Sparkassenverband Baden-Württemberg
sowie der OEW Energie-Beteiligungs GmbH
für den großzügigen Druckkostenzuschuss.

OEW
Zweckverband
Oberschwäbische
Elektrizitätswerke

Hermann Kinder

Porträt eines jungen Mannes aus alter Zeit

Roman

weissbooks.w

Porträt eines jungen Mannes aus alter Zeit

Eden

Als E geboren wurde, brannte die Stadt. Vor dem tobenden Feuersturm rannte Roland Freisler, Hitlers Bluthund, durch die Hohenzollernstraße in seiner um ihn schlagenden Robe, so rot, wie sie die Karlsruher Richter heute noch tragen. Der Vater erfuhr nichts von Es Geburt. Im Balkankrieg wurde keine Post zugestellt.

Zu Es Geburt war die Mutter zu Gast in der Heimatstadt gewesen. Nun ging es zurück nach Berlin, zurück in Zügen, die, da sie selten und ohne Fahrplan fuhren, immer übervoll waren. Es älterer Bruder lag mit dem Koffer im durchhängenden Gepäcknetz, das aus gelber Schnur geknüpft war und stank. Zurück in den geliebten Fuchsbau in der Motzstraße, der ihr Familiennest war, wenn der Vater mal wieder verwundet und auf Genesungsurlaub war. So, als der Vater östlich von Leningrad wegen diverser schwerer Entzündungen bewegungsunfähig wurde und in einem Berliner Lazarett behandelt werden musste. Später hatte der Vater im Genesungsurlaub Rekruten bei seinem Ersatzbataillon in Eberswalde auszubilden. Frau und Söhne besuchten ihn, wohnten in der Kaserne, und die Söhne spielten am liebsten in der Waffenkammer und dreckten sich ein bei den Rekruten, die, ihrem Vorgesetzten zuliebe, die Söhne nicht fortschickten. Dem Vater gefiel es. Nicht der Mutter, die allabendlich in der Kasernenwaschküche die verölten Kleider zu reinigen versuchte. Dann führte der Vater seine ganz »zusammengeschlagene Kompanie« in »fürchterliche Abwehrkämpfe« nördlich von Orel. Ihm erfror ein Fuß, aber er blieb an der Front und musste wieder in ein nahe Berlin gelegenes Lazarett, als er durch Granatsplitter schwer an Kopf und Hals verwundet worden war. Frau und Söhne besuchten ihn am Müritzsee, und sie verbrachten schöne, klare Herbsttage am See im gebuckelten Fachwerkhaus eines Kriegskameraden. Der Vater in ausgestellten grünen Breeches über den Knobelstiefeln, die Mutter mit einer irdenen Schüssel voller Kartoffelsalat, über die sie ein geblümtes Küchenhandtuch gebunden hatte [keine Alufolie, keine Frischhaltefolie]. Die Söhne buken Kuchen im Sand mit Schüppe und Eimerchen. E trug gestrickte Strümpfe, gestrickte Hosen, auf dem Querriemen der Hosenträger brüllten sich zwei Hirsche aus geschnitztem weißen Horn an. E war nun zwei Jahre alt, hatte helles, fast rotes Strubbelhaar und wurde Männlein genannt. »Glückliche Tage am Müritzsee«, schrieb der Vater.

Die Bomben fielen dichter, öfter auf Berlin. Die Frauen unterschieden zwischen leichtem oder schwerem oder einem Na?-Alarm. War der Alarm nicht schwer, gingen die Frauen des Fuchsbaus zum nahen Wittenbergplatz ins Kino und rauchten. Als der Alarm schrill wurde, rannten sie zurück in den Fuchsbau, in dessen Etage, in der die Mutter wohnte, hell das Licht brannte. Es Bruder hatte die Verdunkelungen abgehängt, um besser nach draußen und zu den Bomben schauen zu können. Das gab Kloppe für den Bruder, für die Mutter einen Verweis des Blockwarts und Strafstunden beim Entrümpeln der Keller für den Luftschutz.

[**Provinzialhauptstadt Münster. Bomben**. In den Ruinen zu spielen, hastig meist auf dem Weg zur Martin-Luther-Grundschule, dann zur Überwasserschule, mehr noch auf dem verbummelten Nachhauseweg, war für uns ein lockendes, verbotenes Spiel. Man konnte verschüttet werden. Es konnten düstere Gestalten aus den Kellern der Ruinen auftauchen und nach uns werfen. Fast nur noch im arg bombardierten westlichen Westdeutschland sind nackte Brandmauern zu sehen; in den Nischen stehen zwischen den hohen Häusern, alt oder neu, einstöckige Flachbauten, gerettete Unterstöcke der zerbombten Häuser, gern sind es Fußballvereinsgaststätten oder ein Blumenladen, hinter dem in der Tiefe des Hinterhofes ein Glashaus steht, ein Komposthaufen, auf den sich, wenn die Floristin im dicken Wattemantel aus dem Arbeitshof In den Laden gegangen ist, Vögel von den hohen Hausmauern links und rechts hinunterstürzen, leider keine Spatzen mehr. Wo die Ruinenlücken zeitmodisch mit weißen Häusern mit geraden Linien, viel Glas und viel Leichtmetall plombiert wurden, sitzen auf den neuen Dachterrassen und in Wintergärten Stadtmenschen und lesen »Landlust«, stricken, nachdem sie Hanno Rauterbergs Lob des »Urbanismus von unten« gelesen haben, Mützchen für die Poller auf ihrer Straße, lange bunte Ärmel für die Fahrradständer, bepflanzen die Grünstreifen der Stadttangenten mit Tulpen und Rosen, womit sie »eine Wette auf den Gemeinsinn« machen. Auf die gehen aber die Jungen und Mittelalten nicht ein, die nachts in Herden auf dem Kulttreff im kleinen Park mit Bierkiosken vor den Häusern der virtuellen Landsehnsüchtler stehen und laut lustig sind. Alle Mediationen vergeblich; sie kacken und pissen weiterhin in die schmalen Vorgärten der Bombenlückenfüllerhäuser im Retro-Bauhausstil. Manchmal aber müssen die Eventler und die Anwohner gemeinsam flüchten, weil wieder ein scharfer Blindgänger aus dem Zweiten Weltkrieg entdeckt wurde in der letzten Baulücke.]

Dem Vater war der Kiefer durchschossen worden, ein paar Tage im Fuchsbau, danach wieder an die Front nördlich Rogatschew zu seinen Panzergrenadieren. Die Motzstraße wurde getroffen und brannte. In tagelangen Löscharbeiten gelang es, den halben, den unteren Fuchsbau zu retten. Für Es Familie blieb nicht ein Raum übrig zum Wohnen. An der halben schwarzen Wand hingen brandschwarze Treppenteile und verbogene schwarze Rohre und der schwarze Rest der Badewanne. Die Mutter fand Unterschlupf bei einer Großtante in Fürstenberg an der Havel. Die Mutter litt an Gelbsucht und Rauchvergiftung, die Söhne wohlauf, gesund, genährt. Seit der Vater sich mit seiner »prachtvollen 5. Panzer-Division« bei Borrosow an der Beresina den

Russen entgegen geworfen und einen Lungenschuss abbekommen hatte, hörte die Mutter nichts mehr von ihm. Die Söhne vergaßen den Vater.

Der einzige Zug fuhr von Fürstenberg nach Sachsenhausen. Zu Fuß ging es weiter, bis sie in Oranienburg einen Zug nach Berlin, Bornholmer Straße, erwischten. Sie wurden mit anderen Flüchtlingen, die sich vor den Russen retten wollten, in eine Schule gepfercht, in der es keine Schulkinder mehr gab. Die einzige s-Bahn fuhr bis Spandau. So kamen sie bis Spandau und tippelten los. Bis nach Nauen und Dreibrück. All ihre Habe befand sich in einem Kinderwagen, von dem das vordere linke Rad sich immer wieder löste und dem Kinderwagen ein Stück seitlich vorauslief, bis es kreiselte und umfiel. Es Bruder hatte sich um dieses Rad zu kümmern. E saß, wenn er nicht mehr laufen konnte, auf dem Wagen obenauf. Sie schliefen in verlassenen Häusern und Gehöften, in die nachts die Russen kamen und sich zunächst alte und junge, dann nur noch die jungen Frauen herausholten. Jemand nahm sie mit nach Eden, wo die Mutter für die befreiten italienischen Fremdarbeiter im Garten arbeiten musste, was sie gern tat. Es waren »glückliche Maientage«, erzählte die Mutter. Die Söhne durften bei der Erdbeerernte helfen und bekamen rot verschmierte Münder, über die die Italiener lachten. Dann besetzten die Russen Eden. Die Söhne kletterten außerhalb der Pflückzeit, der Bruder immer voran, das rote Männlein E hinterher, über das Gartentörchen und stopften sich mit Erdbeeren voll, wurden von den Russen erwischt und bekamen Gartenverbot. Die Russen fingen Wildkaninchen und brieten sie am Spieß, tranken, sangen und befahlen der Mutter zu kommen. Die Mutter rannte weg, die Soldaten waren zu betrunken, um ihr folgen und sie einfangen zu können. Besser, die Mutter machte sich wieder auf den Weg. Sie tippelten los und kamen wieder nach Nauen. In Nauen fuhr kein Zug. Sie lagen mit den anderen Flüchtlingen auf dem Boden des Bahnhofs und warteten. Dann kam ein Zug, hoch beladen mit Kartoffeln, auf den die Mutter und der Bruder den Kinderwagen und E hievten. Der Zug fuhr nach Berlin. Die Freundin im halb zerstörten Fuchsbau riet der Mutter, in Berlin zu bleiben. Es gebe Wohnungen genug hier. Ein neuer Bewohner des Fuchsbaus war ein Verfolgter gewesen, der nun für die Alliierten arbeitete und Wohnungen vergab. In der ersten, die sich die Mutter ansah, stand das Kaffeegeschirr noch auf dem Tisch, der Kaffee in den Tassen eingetrocknet. Da wusste sie, dass es Wohnungen von Juden waren. Sie packte das Grauen, wollte weg aus Berlin, auch weil sie mit ihrem Mann vereinbart hatte, dass sie sich nach dem Krieg, sofern sie überlebten, in München treffen wollten. Die Mutter ging zur amerikanischen Kommandantur und bekam, weil sie mehrere Familienadressen in München angeben konnte, einen Zuzugsschein für die amerikanische Zone.

[Breslauerplatz. Täglich kommt man von Köln Hbf mit dem Zug direkt nicht nur mehrmals stündlich nach Horrem, Kall und stündlich nach Au (Sieg), sondern auch nach Amsterdam, Basel, Bruxelles, Klagenfurt, Paris, Praha, Warszawa, Wien und Zürich. Das sind deutlich weniger Fernzüge als in den 60ern, als Züge auch nach Jugoslawien, Italien und Spanien fuhren, nach Rijeka, Skopje, Portbou, Catanzaro, nach Bukarest und Thessaloniki. Allerdings kommt man heute, ohne umzusteigen, mit dem Fernbus nach Bihac (BA), Istanbul (TR), Peje (KO), Poznan (PL), Sarajewo (BA), Srebrenik (BA), Tuzla (BA), Zagreb (HR), wohin zu Es Zeiten kein einziger Bus fuhr.
In keinem dieser Züge und Busse sind mehr Fenster zu öffnen. Kein Geschrei mehr der Alten, wenn Rücksichtslose die Fenster aufrissen, die Haare flogen, die braunen Gardinen aus dem Fenster gesogen wurden, kein Geschrei mehr über Nackenschmerzen, kein Geschrei mehr der Jungen nach frischer Luft.]

Es fuhren aber keine Züge. Sie liefen täglich zum Bahnhof Zoologischer Garten, der weniger zerstört war als die anderen Bahnhöfe und von dem die einzigen Züge nach Westen hätten erreicht werden können. Aber dann, hieß es unter den Zerlumpten, manche trugen nur Lappen an den Füßen, es käme einer. Sie warteten am Bahnhof und es kam ein Zug. Ein Güterzug. Sie erkletterten den ersten Wagen hinter der Lokomotive und waren, als sie fast bis nach Magdeburg kamen, kohlrabenschwarz. Sie irrten um Magdeburg herum. E bekam einen Leistenbruch, der von einem wegen seines Verlustes eines Arms entlassenen Oberfeldarzt operiert wurde in einem katholischen Krankenhaus, vor dem die Frauen Schlange standen, deren Russen-Föten im von frommen Nonnen geleiteten Ordenskrankenhaus seriell und skrupellos abgetrieben wurden. Die Mutter machte sich nützlich und durfte bleiben. Sie bekamen zu essen, bis E, der in das Kleinkindzimmer geschoben worden war, wieder laufen durfte und sie dem Gestank von Blut, Eiter und Äther entkamen. Sie liefen nach Süden, orientierten sich an den Gleisen, und manchmal ging es ein Stück weiter mit einem Güterzug. Zweimal wurde die Mutter noch von Russen geholt, einmal schlug ihr ein polnischer Offizier mit dem Pistolenknauf Zähne aus dem Mund. Dieselben Flüchtlinge begegneten sich immer mal wieder, die Frauen bildeten einen Treck mit einem Plattenwagen, den sie, da es keine Pferde mehr gab, selbst schoben. Der Bruder den Kinderwagen mit E. Einmal fanden sie in einem verlassenen Hof ein Eimerchen mit Honig. Die Frauen trugen feste Kopftücher wie russische Babuschkas, manche hatten nach den Vergewaltigungen greisinnengraue Haare bekommen. Die russischen Soldaten ließen sie dann in Ruhe. Einer der Soldaten schenkte ihnen eine große Tüte voller Zucker, in dem Ameisen krabbelten. Das rettete dem entkräfteten E, der auf dem Wagen oft umsank, das Leben. Die Russen holten die Frauen, um sie das Wasser trinken zu lassen, das sie in Tonnen gefunden hatten oder aus einem tröpfelnden Hahn hatten zapfen können und von dem sie fürchteten, es sei von den Deutschen vergiftet worden. Die Frauen kamen mit ihrem Treck an die Grenze bei Hof. Alle wurden erst einmal in eine Lagerhalle geschubst. Die Mutter suchte mit den Söhnen in den herbstlichen Schrebergärten nach Essbarem, doch war alles abgeerntet, einen Wasserhahn fanden sie aber, unter dem die Mutter den Rest Gries in den Händen aufquellen ließ, den sie hungrig aßen. Dann prüften die Soldaten die Papiere der Frauen und schickten sie nach Norden zurück. Nur eine Wienerin und die Mutter durften die Grenze zum amerikanischen Sektor passieren, weil sie eine von der amerikanischen Kommandantur ausgestellten Schein vorweisen konnten. Und dann waren sie in Hof und fanden den Geschäftsfreund, den der Vater öfter erwähnt hatte. Der lebte noch und war da, und wie seine Frau schlug er die Hände über dem Kopf zusammen. Mutter und Söhne waren so schmutzig, dass sie in eine Zinnwanne im Garten gestellt und abgespritzt wurden. Die Haare der Söhne verlaust, auch unter dem Kopftuch der Mutter, das sie nun abnahm, Läuse, Läuse und Dreck. Läuse auch um die offenen Stellen an den Beinen des Bruders. Auf dem Bahnhof in Hof stand ein Lazarettwagen der Amerikaner, »alles sauber, die pikfeinen Schwestern mit Häubchen, eine vergessene Welt«, der Mutter »fiel unter Tränen ein schwerer Schuppenpanzer ab«. Es kam auch ein Personenzug voller Italiener, die nach Hause zurückgefahren wurden. Ein altes Paar, das von der amerikanischen Militärpolizei abgewiesen worden war, warf sich vor den einfahrenden Zug. Die Italiener zogen die Mutter, den Kinderwagen, die Söhne durchs Fenster in den Zug und gaben ihnen Brot. So kamen sie nach München.

[**Duisburg.** Ich lief im Herbst 2014 durch Hbf Duisburg von Ost nach West: Herzlich willkommen! Welcome! Bienvenue! Starbucks Kaffee aus Leidenschaft nach 175m. Müller's Bäckerladen. Meister Döner. Frucht-Oase. GEILE WARENAUTOMATEN. Ditsch. LECKER WURST knackig herzhaft scharf. Mjam mjam frisch lecker vital. TEA TO GO. Wasser aus aller Welt. LE CROBAG. GEILE WARENAUTOMATEN SNACKS & DRINKS. Nur wenige Meter zum perfekten Starbucks Erlebnis. Albert Heijn to go. HERZLICHEN DANK EINEN SCHÖNEN TAG NOCH UND BIS BALD. Köstliche Frische, beste Qualität, lekker. MÜLLER gegründet 1881 Duisburgs Lekkerbäcker. McCafé. BEST DÖNER. Enders WURST Spezialitäten Die schärfste Currywurst von Duisburg!!!
Auf Wiedersehen! Good bye! Au revoir!
Xanten Bf nichts; Kleve Bf nichts.]

Doch war in München kein Wohnraum für sie. Die kleinen Wohnungen der beiden Cousinen waren voll belegt mit zugewiesenen Flüchtlingen. Ihr Zuzugsschein galt aber für die ganze amerikanische Zone in Bayern. Eine entfernte Bekannte der Cousinen erklärte sich bereit, sie in einem schwäbischen Dorf aufzunehmen. Es war ein harter Winter, das Wasser gefror in den unheizbaren Räumen in den Schüsseln, und Ratten huschten in der Dämmerung. Die Mutter musste zum Brotholen zu Fuß durch Schneeverwehungen, die die Straßen unauffindbar machten, sie schlug sich quer, sich orientierend am Sonnenfleck im Dunst, durch die Schneefelder in den ihr verbliebenen dünnen Kleidern und dem geliehenen Mantel ins nächste Dorf, das endlich sichtbar wurde mit dem Kirchturm, der schon im dünnen Blau über dem Donaunebel ragte. Dort gab es einen Bäcker, der einen runden, buckligen Steinofen hatte. Manchmal nahm der Milchmann sie in seinem Holzvergaser mit. Im Frühling aßen sie Brennnesseln vom Dorfwegrand und Löwenzahn aus den gelben Wiesen. E wurde rund. Die Beine des Bruders heilten. Als der Herbst kam, aßen sie so viele Baumnüsse, dass ihnen übel wurde und sie kotzen mussten. Das war ihre erste Wohlstandskrankheit. Ein Mann in abgerissener Uniform kam und sagte, dass der Vater lebe und mit Verdacht auf Typhus aus dem tschechischen Gefangenenlager entlassen worden sei. Es war aber kein Typhus, nur Durchfall von den Wassersuppen. Die Familie traf sich in München. E erkannte den Vater nicht, der Bruder erst nach Zögern. »Unter Lob und Dank gründeten die Eheleute ihre Familie neu in der Überzeugung, dass das, was sie an äußeren Dingen verloren hatten«, schrieb der Vater in Sütterlin, »in keinem Verhältnis steht zu dem, was sie trotz der furchtbaren Katastrophe gewonnen hatten.« Sie nahmen sich vor, »nicht klagend zurückzublicken, auf dass ja keine Wurzel der Bitterkeit erwachse, sondern fröhlich und getrost mit den Kindern vorwärts zu wandern.« An den äußeren Sachen fiel ihnen durch Hilfsbereitschaft bald das Notwendigste zu, einige Teller, etwas Besteck, ein krummer Löffel für E, ein Topf für alles, ein Tisch, Hocker und Stühle. Getrunken wurde Leitungswasser und Muckefuck. Nie mehr bereitete die Mutter aus Brennnesseln Suppe, Tee oder Gemüse, nie mehr aus Löwenzahn Salat.

[Berlin, Bolle. Exkurs über Essen&Trinken. Es wird 1961 in Berlin gewesen sein, dass E das erste Schaschlik sah und aß. Es hieß ungarisches und war die einzige Alternative zur Currywurst. Manche, die in Italien im Urlaub gewesen waren, machten sich zu Hause eine Pizza oder Spaghetti. Es Mutter blieb bei dem, was sie von ihrer Wuppertaler Mutter gelernt hatte, Endivienuntereinander zum Beispiel. Jüngere Hausfrauen, die Pizza machten, verachtete sie ihr Leben lang. Sie kochte, war der Vater da, immer etwas mit Fleisch oder Wurst. Heimlich auch Pferdefleisch, das war billiger, der Vater mochte es nicht, merkte es aber nicht. Quark kam nur bei Abwesenheit des Vaters auf den Tisch. Der Quark wurde selbst gemacht, in einem Handtuch gepresst, und zum Abtropfen wurde das schwere Tuch zwischen zwei Stühlen am Teppichklopfer über eine Schüssel aus Blech gehängt, die zu allem diente. E verabscheute nicht viele Gerichte; aber er kotzte, wenn es Huhn oder Hase gab, zu Silvester einen Karpfen, was seine Gründe hatte. Nie hat sich E Wasser gekauft. Es floss aus dem Kran. Stilles oder klassisches Wasser in 1,5-Literflaschen aus quietschendem Plastik aus dem ALDI, LIDL, NETTO, PLUS oder KAUFLAND zu schleppen, blieb ihm erspart. Aber auch E fuhr zum Savignyplatz, um im revolutionären Bolle einzukaufen, von dem ganz Westberlin sprach, denn der hatte seinen Laden modern umgerüstet. Dort musste man sich die Sachen selbst aus den Regalen holen und an der Kasse abgeben, wo der Betrag von einem Fräulein in eine Registrierkasse eingetippt wurde. Er kaufte sich Pichelsteiner Topf der Marke Erasco. Nie hätte E auf die Idee kommen können, im Gehen und im Freien etwas zu essen und zu trinken. Nur einmal: Gerührt erinnerte er sich, dass er damals bei einem Volksschulausflug ein Brot, einen Apfel und ein hartes Ei mit Salz gegessen hatte, das aus einem aus einem gewendeten Briefumschlag geschnittenen Tütchen gerieselt war. Sie hatten auf den harten Seitenbänken des von Mailaub grün durchflochtenen Leiterwagens gesessen. Die Kinder konnten fast nichts von der Gegend sehen, durch die sie fuhren, so hoch stand das wogende Korn. (Für seinen Film »Die andere Heimat« hat Edgar Reitz, las ich, eigens auf einem Acker langstieliges Korn säen lassen, weil es sonst nur noch kurzstieliges gibt, das nicht zu eichendorffischem Wogen taugt.) Aber den Feldrain sahen die Kinder durch die Ritzen des Mailaubs; er war voller Mohn, Margeriten, Wegwarte und Kornblumen. Unsere Philosophen und Soziologen, welche seit geraumer Zeit alles aus der Steinzeit erklären, vermuten die Ursache des Essens beim öffentlichen Gehen darin, dass die Männer auf der Jagd nach Wisent und Bison sich nur beim Rennen schnell etwas zur

Stärkung einstopfen konnten, bevor sie die Beute in die Höhle zu den Frauen schleppten, die dort immer saßen und alles um sich herum haben mussten, Kinder, Nähzeug, Gerät, woraus sich, sagte der Oberphilosoph P.S., die Handtasche der Frauen erklärt. Kaum wahrscheinlich, dass E je in seinem Leben Pommes sah, gar aß. Bei »Schranke rot-weiß« hätte er nur an einen Bahnübergang gedacht. Manchmal setzte die Mutter aus den Söhnen undurchschaubaren Gründen die Schüssel so auf den Tisch, dass das Endivienuntereinander bis an die Wand spritzte, und fuhr stante pede zu ihren Eltern nach Wuppertal. Dann aß sonntags der Vater mit den Söhnen in einem bürgerlichen Wirtshaus, in dem das Essen um die zwei Mark kostete, einschließlich Tagessuppe. Allergien und andere Lebensmittelunverträglichkeiten waren unbekannt, auch Nahrungsergänzungsmittel außer Kaisers Natron und Knoblauchpillen aus einem Papprohr, auf dem das Gesicht eines uralt gewordenen und gewiss noch älter werdenden bulgarischen Bauern abgebildet war. Zu kaufen war das Papprohr in der Drogerie, die noch kein Drogeriemarkt war, in der es auch die Kernseife gab, mit der die Haare gewaschen wurden. Allerdings bekamen die Mutter und E Pusteln auf den Armen, wenn sie Erdbeeren aßen. Auch das hatte seine Gründe.

E hat zum Beispiel nie gegessen oder gekannt: Auberginen, Avocados, Elstar (und Braeburn, Gloster, Golden Delicious, Jonagold, Alkmene, Gala, Cox, Idared, Pinova), Kresse, Ruccola, Kaki, Kiwi, Litschi, Maracuja, Chili, Nektarinen, Radicchio, Schalotten, Zucchini, Melone, Ingwer, keine Austernpilze und anderes mehr nicht. Kokosnuss gab es. Sie hatte ein Auge in der braunen haarigen Schale, an dem man den Nagel ansetzen und mit dem Hammer zuschlagen sollte. Schon hatte E einen blauen Daumen, den er in den Mund steckte, und hickelte auf einem Bein durchs Zimmer. Dann holte Es Bruder den Fuchsschwanz. Der rutschte ab, und nun hatte Es Bruder einen blutigen Finger. War die Schale der Kokosnuss geknackt, wurde die Schale in Schnitzel zersägt und wurden diese mit Mehlpapp (kein Uhu, kein Pattex, keine Zweikomponentenkleber) zusammengeklebt und auf das nächste seichte Wasser gesetzt. Sie gingen sofort unter. Dann waren entschälte Kokosnussschnitzel auf dem Jahrmarkt zu kaufen, aufgehäuft zu Schnitzelbergen, zehn Pfennig das Stück.

BIO kam spät. E hat es nicht mehr erlebt. Erst recht nicht Bärlauch. In Hamburg hatte ihn eine Zimmerwirtin zu Reformkost überreden wollen und ihm ein abgegriffenes Büchlein gegeben, in dem vor allem Ausländischem, insbesondere Mate-Tee, gewarnt wurde. Alle Erwähnungen des Vegetariers Hitler waren von Hand geschwärzt worden. Zu Es Zeit gab es selbst in den damals noch seltenen, schlechten Ketten-Buchhandlungen kein einziges Regal mit Ernährungsratgebern, Reiseführern oder Do-it-Yourself Büchern. Bibeln schon. Heute wissen wir aus Büchern, Funk, Fernsehen und über Google alles mehrfach. Doch glauben nach einer britischen Untersuchung 29% der Grundschulkinder, dass Käse aus Pflanzen, 34%, dass Nudeln aus Fleisch gemacht werden, ebenso viele, dass Brot von Tieren stammt und Fischstäbchen aus Hühner- oder Schweinefleisch bestehen. Ich lernte frischen Spargel erst kennen, als ich schon erwachsen war, und verfiel gleich dem Spargel-Wahn. Bei Es Mutter hatte es nur Spargelspitzen aus der Dose, aus Taiwan, gegeben, die bei festlichen Abendessen auf den mit roter Bete gefärbten Heringssalat gelegt wurden oder auf das Schnittchen mit Lachsersatz. Meine Mutter liebte Braunschweiger Teewurst. Mein Problem war, ob ich die stets abgelehnten, aber immer heimlich in meinen Koffer geschmuggelten Brote mit Braunschweiger Teewurst, die leider mit dicken Scheiben von Schwarzem Rettich und mit halbierten Maiskölbchen belegt waren, aus dem noch zu öffnenden Zugfenster werfen sollte oder nicht. Ich warf sie nie aus dem Zugfenster, weil ich mich schämte, sie in die Scheiße auf den Schwellen zu werfen. Ich ließ sie zu Hasenbroten trocken und bogig werden und aß sie nachts, wenn mir der Wein genug Hunger gemacht hatte. Es macht einsam, dass alle nur noch die Rügenwalder Teewurst kennen. Es gab die Braunschweiger Teewurst wirklich. E wäre mein Zeuge. Gäbe es sie heute noch, wäre sie, trumpfte ich auf, sicher nicht vegetarisch.]

Erstes Dorf

Nach dem Krieg fand die Familie in einem Dorf zusammen, in dem der Vater bäuerliche Kameraden aus der Kriegsgefangenschaft hatte, die mal einen Krug Dünnbier schenkten, mal eine Wurst, mal ein Säckchen Mehl, mal einen Karpfen, den die Mutter auf dem Küchentisch zu töten versuchte, indem sie dem Karpfen mit dem Brotbrett auf den Kopf schlug, doch der Karpfen schnellte auf den Küchenboden und schnappte da und zappelte aus, bis der Vater kam und den Tod vollzog. Mal schenkte ein alter Kamerad ein Huhn, dem auf dem durchfurchten Holzklotz hinter dem Haus der Kopf abgehackt wurde. Es flatterte kopflos davon, ein Blutbrünnlein sprang aus seinem Hals. Mal lag auf dem Küchentisch ein gefrorener Hase, den ein Freund von der Winterjagd mitgebracht hatte, am Näschen und in den Barthaaren geronnenes Blut; langsam taute er auf und stank. Ein paar Häuser weiter hatte ein Metzger in einer größeren Garage seinen Schlachthof. E sah, wie den Kühen mit einem Beil auf die platte, braun gekräuselte Stirn geschlagen wurde, bis sie in die Knie knickten. Er sah, wie das angepflockte Schwein mit dem Beil etwas betäubt wurde und dem noch schrill quiekenden Schwein die Halsschlagader aufgeschnitten wurde, aus der das Blut hoch heraus pumpte. Später lag das Schwein in einer Wanne und wurde entborstet. In einem Bottich wurde dann aus dem Blut des Schweins mit einem langen Holzstab die Metzelsuppe gerührt.

1948 saß E auf der spreißligen Holzrolle eines Wehres über einem versumpften Dorfbach, der verbohlt worden war und nur an dieser Stelle frei lag zwischen Haus und Platz, und stürzte von der Rolle in den Bachmorast und lag dort gesichtsunter, moorschwarz und sehr stinkend. Im selben Jahr half E beim Entleeren der Odelgrube hinter dem Haus und tauchte den zinnernen Eimer, der an einer langen Holzstange befestigt war, in die Jauchegrube, um ihn hochzuheben und in die Öffnung des Odelwagens zu drehen. Doch E verließen die Kräfte. Er stürzte, stolperte unglücklich in die Jauchegrube und musste herausgefischt werden, bevor er dort unten erstickte. E stank, man reinigte ihn gründlich mit zugehaltener Nase. Eine glückliche Zeit war es nicht in dem Dorf. E geriet unter die Deichsel eines von einem Kaltblüter gezogenen Leiterwagens, als er unbesehen, so dachten die Eltern, aus dem Haus auf die Straße rennen wollte. Es blieb bei einer Schramme auf der Stirn. E war nun der Unglücksrabe und wurde statt Männlein Schnüffel genannt.

Seit jener Zeit hatte E Angst vor dem Plumpsklo. Es war bedeckt mit einem hölzernen Deckel mit Knauf. Für E war die Öffnung über dem stinkenden Abgrund, in den er fallen könnte, zu groß. Wenn er über dem

Loch saß, bremste er mit den zwischen Deckel und Po gelegten Händen den Sturz in die Hölle ab. Der Deckel bannte den Gestank des Plumpsklos nicht, auf dem alle in dem großen Haus sich entleerten, falls die Männer nicht an die Ecken der Hauswände schifften. Wöchentlich schnitt der Vater aus der Druckerei mitgebrachte Zeitungen in handliche, aber scharf kratzende Quadrate und hängte sie an einem Bindfaden neben dem Holztrog auf. Der Vater strampelte auf dem Rad ohne jede Schaltung dreißig Kilometer zu der Arbeitsstelle, die den heimgekehrten Soldaten genommen hatte, eine Druckerei. Im Winter mit einer Kaninchenfellmütze und im Soldatenmantel, von dem alles Militärische entfernt worden war, das aber als helle Flecken sichtbar blieb. War es dunkel, beleuchtete eine Karbidlampe einen kleinen Fetzen des Weges über Stock und Stein und Berg und Tal. E hatte beim Essen des Kaninchenfleisches gespuckt, weil er in der Kaninchenfellmütze auf dem Kopf des Vaters das Fell seines Lieblingskaninchens entdeckt hatte. Im nächsten Dorf gab es eine Wasserspülung; in der Stadt schließlich Klopapier. Aber nie wäre die Mutter, auch der Bruder und E nicht auf die Idee gekommen, Klopapier öffentlich und sichtbar durch die Straßen zu tragen. Die Camelia-Leuchtreklame über der Drogerie hatte jemand eingeworfen, der, hatte man gemunkelt, vom Pfarrer angestiftet worden war.

[**Notiz. Scham.** Zu einer Geschichte der Scham gehört, dass gegenwärtig zu Karnevals- oder Faschings- oder Fasnetzeiten auf Fensterbänken oft geleerte Fläschchen des kultigen Likörs »Ficken« stehen. Jemand Empörtes hat versucht, diese Marke als sittenwidrig verbieten zu lassen. Dem widersprach das Bundespatentgericht. Da freut sich der »Ficken«-Hersteller Dieter Bock. Denn nun kann er am Tresen wieder fragen: »Lust auf Ficken?«]

E, der Träumer und Schnüffel, bekam in der Volksschule öfter mal Tatzen, Schläge mit dem Rohrstock auf die Fingerspitzen. E zog nie vor Angst die Hand zurück. Manchmal musste er die Lederhose hinunter lassen und den über die Schulbank gespannten Unterhosen-Po dem Rohrstock aussetzen. E versäumte den Unterrichtsanfang in der einklassigen Dorfschule, weil ein ausladender, cremefarbener Ami-Schlitten in den Graben der Hauptstraße gefahren und in Schräglage geraten war. Herausgeklettert waren vier schwarze Soldaten, einer mit blutendem Gesicht unter dem verrutschten Khaki-Käppi. Und schon war ein grüner Jeep der amerikanischen Militärpolizei gekommen, Soldaten mit Helmen ausgestiegen. E hatte geschaut und seinen Schulweg vergessen und musste zur Strafe nach dem Unterricht eine Stunde nachstehen, neben seinem Pult, allein in dem einen Zimmer für alle Klassen, wobei er sich die Zeit damit vertrieb, den Deckel des von eingetrockneter Tinte schwarzen Griffel- und Tintenfasskastens im Pult auf- und abspringen zu lassen, womit er, da niemand mehr in der Einraumschule war, keinen ärgern konnte. Irgendwann fiel E ohnmächtig um, stürzte gegen das Pult und wurde irgendwann gefunden mit einer Wunde über dem Auge, deren Blut verkrustet war.

Zweites Dorf

Sie zogen um in ein anderes Dorf, das dem Arbeitsort des Vaters näher lag und von dem aus mit der Bimmelbahn die kleine Stadt zu erreichen war, in der es ein Gymnasium gab.

E kletterte den Baum hinauf, dessen Ästeleiter er erprobt hatte, damit sie ihn in den Wipfel brachte, ohne fürchten zu müssen, ein Ast bräche, er zerrisse sich die gestrickten Hosen oder Strümpfe und schürfe sich beim Sturz Hände und Knie auf. Den Namen des Baums kannte er nicht. Es war sein Lieblingsbaum und er kletterte so oft hinauf, wie er nur konnte. Das Haus, in dem sie wohnten, sah er nun von oben. Dessen Dach leuchtete, es war nach dem Krieg neu gedeckt worden. Seine Mutter fragte nie, wo er sich rumgetrieben habe. Sie war froh, wenn E nicht mit blutenden Wunden an Händen und Knien heimkam. Auf die Wunden kam dann Jod. Es war eine gruslige Schmerzlust, den juckenden Schorf von den verheilenden Wunden zu kratzen. Sein Vater arbeitete und gehörte auch samstags nicht der Familie. Sonntags lag er missgelaunt auf dem Sofa. Kein Fernsehen, das Radio der Mutter verbat er sich, die abgelesene und zerfledderte Zeitung vom Vortag des Lehrers im Erdgeschoss nahm er dienernd gern entgegen, warf sie aber sofort in den

Müll, zumal der Lehrer beim Frühstück und Zeitungslesen Latwerge von hellgrünen Tannenspitzen bevorzugte, die er selbst gezupft und eingekocht hatte. Dieser Lehrer kam aus dem Sudetenland und war ein Vertriebener, gegen die Es Vater nichts hatte, der mehr als lang genug im Osten, obwohl in Wuppertal-Barmen geboren, hatte sein müssen.

[**Eltern und LehrerInnen.** Das Wort »Sonntagsbrunch« hat E nie gehört. Er hätte es auch falsch ausgesprochen. Er hätte sich nicht ausmalen können, dass so viele mittelalte Leute sonntagmorgens zur selben Zeit, zur Kirchgangszeit, in ein überlautes und übervolles Lokal geströmt wären, hätten wählen müssen zwischen Französischem Frühstück, Käse-Frühstück, Mailänder-Frühstück oder English Breakfast. Dass dabei die Kinder aufgestanden und umhergelaufen wären, gequengelt und Sonderwünsche geplärrt hätten. Es Bruder und E, die manche Kloppe abbekommen hatten, hätten sich angesehen: Keine Kinderstube! E oder sein Bruder hatten sonntags – und nur sonntagmorgens – in die nahe Bäckerei gehen müssen, um acht Brötchen zu kaufen, was eingestellt wurde, als der Preis der Brötchen von fünf auf sechs Pfennig erhöht worden war. Nun wurde auch sonntags Paderborner Brot aufgeschnitten. Glücklicherweise, sagte die erfahrene Pädagogin, ändern sich die Erziehungskonzepte. Kloppe sei wohl out in besseren Kreisen. Doch bei »Hubschraubermüttern«, fuhr die entnervte Pädagogin fort, denke sie immer noch an amerikanische Armeehubschrauber, wie sie im Vietnamkrieg eingesetzt wurden. Erinnern Sie sich an »Apocalypse Now«? Vietnamkrieg, sagte sie, sei auch so ein Begriff aus einer alten Zeit, an die sich nicht einmal junge Vietnamesen erinnerten, für die es Saigon nie gegeben hat. Alte Zeit sei, dass sie sich zu Boden geschämt hätten, wenn ihre Eltern in die Schule gekommen wären. Heute, klagte die erfahrene Pädagogin, stünden die Eltern unentwegt vor den Lehrerzimmern. Und immer hätten sie dabei einen Rechtsanwalt in der Hosentasche. Selbst in die Universitäten kämen jetzt die Eltern und kämpften um jeden Klausurpunkt ihrer Kinder, stets einen Bescheid des feigen staatlichen Prüfungsamtes in der Tasche, das nichts mehr fürchte als einen Prozess. Der Betreiber eines Reiterhofes konstatierte, früher hätten die Eltern nur angerufen, wenn sie die Kinder abholen wollten; jetzt riefen sie mindestens zweimal täglich an und beschwerten sich, dass es schon wieder Kartoffeln gegeben habe. Zu unseren Abiturfeiern, höhnte die Pädagogin, gingen wir doch nur, weil wir dazu gezwungen wurden. Jetzt aber mieteten sie für ihre Abibälle den vornehmsten Saal der Stadt. Sie wandelten dahin, teuerst aufgerüstet von den Eltern, als gingen sie in die Staatsoper, auf High Heels, in denen sie ständig umzuknicken drohten. Die Feier bestehe jetzt darin, dass die Schüler sich selbst feierten. Lehrer kämen da nicht mehr vor, sagten die LehrerInnen. Sie stellten sich mit ihren tollen Klamotten auf die Bühne und machten Verse über sich selbst und zeigten sich auf hunderten Powerpoint-Folien. Bei lautestem Beifall der Eltern, die es für die SchülerInnen und Studis gar nicht mehr gibt, nur (privat = öffentlich) »meine Mama«, »mein

Papa«; Vater und Mutter sind weg, Mutti und Vati überleben noch im Osten. »Eleganter Abschluss. Das Abitur in der Turnhalle feiern – das war mal. Wir geben Tipps für den großen Auftritt – für die ganze Familie.« Stolz zahlen die Eltern alles: Für die Abiturientin eine Woche Vorbereitung mit Must-haves für schöne Haut, Stöckelschuhtraining und maßgeschneidertes Outfit aus Dupionseide und Jacquard, damit sich das Hollywood-Feeling einstellt. Über den konsumkapitalistischen Rücksprung des »Prenzlauerberg-Milieus« unter dem Kampfruf »Neue Werte« habe, endete die erschöpfte Pädagogin, Cornelia Koppetsch ein gutes Buch geschrieben: »Die Wiederkehr der Konformität.« Es Freundinnen und die Tanzstundendamen von Es Bruder waren erleichtert und stolz, keine Huren-Stöckelschuhe, sondern flache Quarktreter tragen zu können. In den USA zogen sich zwischen 2002 und 2013 123 000 Frauen wegen ihrer Spreizfußdeformität, Hallux valgus, Krallen und Hammerzehen verursachenden High Heels so schwere Verletzungen zu, dass sie eine Notfallambulanz aufsuchen mussten. Sie verstehe, schloss die Pädagogin, die Zeit nicht mehr und leide darunter, dass die Zeit sie nicht mehr verstehe.]

In seinem Elternhaus gab es außer der Bibel, die keiner las, nahezu keine Bücher mehr; sie waren in Berlin verbrannt. Ein Lexikon gab es nur beim Lehrer, der unter ihnen wohnte und den E scheute, weil es ein alter Mann war, der seine Schuhe mit einem Mob aus Straußenfedern putzte und ihn anherrschte, wenn er sich auf dem eisernen Dackel, der neben der Haustür stand, seine vom Feld und von der lehmigen Dorfstraße schmutzigen Stiefel nicht ordentlich abgeschabt hatte. Bevor E aus dem Haus ging, schaute er, ob der Lehrer irgendwo zu sehen war. Der Wipfel seines Baums ragte über die Häuser, die zweigeschossig waren, nur die familienreichen Flüchtlinge hatten sich in Feierabendarbeit, abends und samstags, schmale dreigeschossige Häuser gebaut, die lange unfertig blieben, sodass E durch die Häuser ohne Türen und Fenster blicken konnte. Die Mörtelmaschine knatterte, die Flüchtlinge fluchten, wenn sie die Schubkarre voller Mörtel über das schwankende Brett ins Haus wuchteten, schrien, wenn sie sich einen Pack Ziegelsteine zuwarfen, bis es beim Fänger auf dem Dach angekommen war. Sie fluchten und schrien in einer Sprache, die E nicht verstand. Kein Haus hatte einen Balkon. Den Wipfel wiegte der Wind, E flog. Viel mehr, als wenn er in der Dachluke, die an einer verbogenen Eisenlatte aufgestellt werden konnte, auf einem Melkschemel saß, den er auf einen wackligen Waschtisch gestellt hatte, einen Knüppel zwischen den Schenkeln, mit dem er das Flugzeug lenken konnte, in dem er über das halb gedeckte Dach des Flüchtlingshauses flog und dann hochzog, hoch hinauf und weit ins wilde Land von Kurdistan. Die Häuser der Flüchtlinge ums Dorf herum waren die einzigen Neubauten. Die große Stadt, die er überflog, war eine Ruinenstadt, in der die Mutter einmal auf dem Schwarzmarkt, in der

Bretterecke eines Ruinenfeldes, amerikanischen Kaffee gekauft hatte, während er vor dem Zaun spähen und notfalls pfeifen musste. E pfiff nicht gern, er summte lieber. Summte im Wipfel seines Baums, rief nach mehr Wind, der ihn höher fliegen ließe, und die Blätter rauschten wie ein Meer, das E noch nie gesehen hatte. Die Blätter rochen schön bitter. Bevor er heimging, um vor dem Vater beim Abendbrot da zu sein, sonst könnte es was setzen, zerrieb er Baumblätter zwischen den Händen. Erschöpft stellte der Vater, hatte er gegen steifen Wind radeln müssen, sein Rad neben dem angerosteten Eisendackel ab und stöhnte ein wenig, wenn er sich die Hosenklammern von den umgeschlagenen Hosenbeinen zog. Abends gab es Brot mit Margarine und jedes Mal murrte der Vater, weil Margarine im Ruf stand, Krebs zu machen, und schalt die Mutter, worauf diese ziemlich kühl erwiderte, dass sie von ihrem Haushaltsgeld die teure Butter nicht bezahlen könne, worauf der Vater in Schweigen verfiel. Aufs Brot wurde Zucker oder Salz gestreut; der Vater bekam eine dünne Scheibe von der langen, dicken Plockwurst, die ihnen ein Bauer geschenkt hatte, der mit dem Vater im Krieg gewesen war. Dazu gab es Tee aus Kräutern, Pfefferminz, Kamille, die sie gesammelt und getrocknet hatten. Wegwarte war zu bitter; Eichelkaffee schmeckte keinem. Das Bier, das er Kriegsschiffe nannte, verabscheute der Vater. Es stimmte auch nicht, dass Margarine Krebs mache; denn dass nun so viele Krebs bekamen, komme, versicherten sich die Frauen, die im kleinen Lebensmittelladen über Butter und Margarine stritten, »von die Atome«. Seitlich vor der Tür des Lebensmittelladens stand eine offene Holztonne mit eingelegten Heringen.

[**Notiz. Die Atome.** In Es Aufzeichnungen kommt die Kubakrise, Oktober 1962, nicht vor. Da hatte E die öffentlichen Schulen schon verlassen, ohne Abitur. Es Bruder aber hatte den Atomfall zu üben: unter den Tisch legen oder unter die Türzargen treten, immer einen Spaten bei sich tragen. Es Bruder musste auswendig aufsagen, wie ein Schutzgraben auszuheben sei. Als die Wolken von Tschernobyl nach dem 26. April 1986 auch über Deutschland zogen, war nicht nur ich noch am 1. Mai fröhlich unterwegs und ernährte mich auf der Wiese: Löwenzahn, Brennnessel, Bärlauch, Sauerampfer. Der Schrecken kam verspätet. Beim Betreten der Uni wurden wir auf Verstrahlungen untersucht. Wir verbrannten die Kleidung des 1. Mai. Manche kauften sofort die Regale mit Fleischkonserven leer. Nun wurden getrocknete Pilze aus China beliebt, von denen man zwar wusste, dass sie mit Pestiziden getränkt waren. Aber besser Pestizide als Krebs durch Verseuchung mit Cäsium 137 und Jod 131. Und immer ist noch kein Flugzeug auf Fessenheim gefallen, sind weder Tricastin noch Leibstadt explodiert. Fukushima strahlt fern im Fernseher, aus dem keine nuklearen Wolken ins Wohnzimmer wehen. 2015 nimmt man erstaunt zur Kenntnis, dass noch immer Wildschweine aus Bayern verstrahlt sind übers Hundertfache der hoch angesetzten Toleranz, und kauft Wildschweinwurst aus der Toskana oder der Provence.]

E war gern bei der Mutter und einer anderen Frau aus dem Haus, wenn sie im Keller Wäschetag hatten. Die Mutter hatte das Essen vorgekocht; denn am Waschtag zählte nur die Wäsche. Am Vortag wurde die Wäsche mit Soda eingeweicht im Waschkessel, der am Waschtag, noch bevor es hell war, von unten mit Holz und Briketts angefeuert wurde, nachdem das Einweichwasser abgelassen war. Mit einem großen Holzlöffel rührte die Mutter die Wäsche im sich wärmenden, mit Waschpulver versetzten Wasser um. War das Feuer unter dem Kessel erloschen, wurde die Wäsche mit einer großen Holzzange in die Zinkwanne gehievt. Einmal hat E versucht, die Wäschezange anzuheben; er schaffte es nicht. Die Wäsche wurde auf dem gerillten Waschbrett, das im Zinkzuber stand, gerubbelt, mit Kernseife nachbehandelt, die mit einer Bürste in die verschmutzten Wäschestücke eingerieben wurde. Die gerubbelte Wäsche wurde in Bottiche mit klarem kalten Wasser gehoben. Dreimal, meist viermal wiederholte sich der Vorgang, bis der Waschkessel geleert war. Die Wäsche wurde zwischen den Bottichen hin und her gehoben, mit einem Wäschestampfer gepresst, bis alle Waschlauge abgeflossen und das Wasser in den Bottichen klar war. Die saubere Wäsche wurde durch die Wringmangel gedreht, durch die Walzen gepresst. In einem Weidenkorb wurde die Wäsche in den Hof getragen und aufgehängt auf den zuvor mit einem Lappen sauber gewischten Drähten, die an Stangen zwischen den Rotdornbäumen aufgezogen worden waren. Die Rotdorn-Parzellen hinter den anderen Häusern rundum waren am Waschtag alle verhängt mit Wäsche. Auf die Wäschestücke wurden Reiter-Klammern mit einem runden Kopf aus gespaltenem Holz gesteckt. Im Winter war die Wäsche bald steif gefroren. Die steifen langen weißen Unterhosen fand E lustig. Wenn die Wäsche trocken und aufgetaut war, war es ihm ein Spaß, mit der Mutter die Laken zu recken, sie glatt zu ziehen, sich, das Laken zusammenlegend, der Mutter zu nähern, sich von ihr wieder zu entfernen. Die Mütter trugen am Waschtag ihre bunten Kittel, die noch nicht aus Nylon waren, darüber eine Gummischürze. Sie trugen Kopftücher, die über der Stirn in einer Rolle zusammengeknüpft waren. Nur männliche Unterwäsche wurde im Hinterhof aufgehängt; unsichtbar, wo die Unterwäsche der Mutter trocknete.

Die Brüder schliefen in einem Zimmer, mussten aber, weil sie sich zu oft stritten, die Hausaufgaben an Tischen in verschiedenen Zimmern machen. Zwischen ihren Betten probierten die Brüder, wenn sie leise zu sein hatten und längst eingeschlafen sein sollten, die Verständigung mittels zweier Deckel von Schuhwichsbüchsen, in die Löcher genagelt waren, und ein straff gespannter Bindfaden verband die beiden Deckel an den Ohren der Brüder. Die Mutter hörte es aber und schalt. Eine technische Verbesserung stellten die ineinander geschachtelten und zusammengeklebten Papierröhren nur bedingt dar. Zwar konnte dadurch das Gesprächsgeräusch vermindert werden, doch besaß das Papierröhrentelefon eine geringere Reichweite als das Schnurtelefon und knickte immer wieder durch zwischen den Bettdecken, auf die es Sender und Empfänger stützten. Ihre Kämpfe fochten die Brüder aus bei Versteckspielen, bei Indianerspielen ohne Federn im Haar, ohne Tätowierung, ohne Indianerhosen, aber mit Tomahawk, den sie sich selbst gebastelt hatten und der beim ersten Schlag zerbrach. Beim Räuber-und-Schampitt-Spiel musste E immer den dummen Schampitt geben, dem der Räuber einige Stüber versetzte, sodass E beim abendlichen Quatschen durch die Sprachröhre im Bett näselte.

[**Schuhcremedeckelschnurtelefon.** »In Deutschland werden jedes Jahr etwa 63 Milliarden SMS geschrieben, hinzu kommt die Beschäftigung mit Facebook, Twitter und anderen Internetangeboten, die mit Smartphones möglich sind. Viele Menschen können es nicht ertragen, länger als zehn Minuten nicht auf ihr Handy zu schauen. Ihr Leben findet weitgehend auf einem Display statt, das kaum größer ist als eine Spielkarte. Gefahren, die sich außerhalb dieser Fläche zusammenbrauen, werden oft nicht mehr wahrgenommen.« In der psychiatrischen Jugendstation von Richterichs Bochumer Hospital kämpfen derzeit ein Dutzend Jugendliche gegen exzessive Mediennutzung. Ebenso in der Landes-Nervenklinik Wagner-Jauregg in Linz. Die intensive Nutzung, so Alexander Markowetz, Uni Bonn, der durchaus kein Kulturkritiker sein will, frisst Zeit, lähmt die Konzentration, sie lässt keine Glückserfahrung zu, weil diese rein zeitlich nicht zustande kommen kann, wenn alle sieben bis neun Minuten aufs Handy geschaut wird, sie hält von der Arbeit ab, sie gleicht einem Glücksspielautomaten, weil man dauernd hofft, die nächste Nachricht oder der nächste Link bringe es, und dauernd alles schnell nach links und nach rechts weggewischt wird, die intensive Nutzung des Smartphones reduziert unsere intellektuelle Produktivität, minimiert unsere Fähigkeit, längere zusammenhängende Texte zu lesen. Bücher passen sich der geschrumpften Aufmerksamkeit an, das gilt auch für Belletristik, die Sinneinheiten werden kürzer, die Sätze einfacher. Das sei eine unumkehrbare Entwicklung, behaupten »Buchreport« und »Wirtschaftswoche«. Aufruhr im Elite-Internat Schloss Salem. Mit dem neuen Schuljahr verfügte dessen Leiter, jeden Abend um 21.30 Uhr die Smartphones aller Mittelstufenschüler einzusammeln und erst am Tag darauf gegen 14.30 Uhr wieder zurückzugeben. »Wie Sterben« fühle sich das an, klagten die Schüler. Es sei »völlig unmöglich«, ohne Handy zu leben, denn »wer nicht chattet, lebt nicht«. Stimmt, kommentiert Chrissie, »da versucht wieder jemand von gestern seine Ideen von der Welt anderen aufzuzwingen.«

Und wie haben die Menschen früher überhaupt leben können? Philip Riederle: »Wir müssen uns förmlich ›von den Ahnen‹ erzählen lassen, wie es früher einmal gewesen sein muss.« Diese Ahnen sind gar nicht so alt: Der Film »13 Semester« aus dem Jahr 2009, bis Ende 2010 von 175 000 Zuschauenden gesehen und 2012 und 2013 im Fernsehen wiederholt, ist darin tatsächlich »sehr sehr« alt: nur einmal kurz ein Handy, sonst laufen alle Verabredungen und Wohnungssuchen ohne Handy, noch kein Smartphone. Annoncen werden in Zeitungen gelesen, kein Mac ist zu sehen. 2013 sind die Studis von 2009 »Ahnen«. Die Generationen wechseln nun im Jahrestakt. Jochen-Martin Gutsch schreibt: »Während der vier Jahre, die mein Großvater im Krieg verbrachte, kam er zweimal nach Hause für einen kurzen Heimaturlaub. Ansonsten gab es, neben seltenen Telefonaten, nur die (Feldpost-)Briefe.« »Es war eine Welt ohne Handy, SMS, E-Mail, Facebook, Skype, es ist wichtig, sich das heute zu vergegenwärtigen.« Wir sahen uns wieder »Herr Lehmann« (2003) an und hatten ein seltsames Erlebnis: In den wechselnden Runden von Biertrinkern in den Anarcho-Kneipen von Berlin gibt es einen Weizenbiertrinker, der hinten in der Ecke sitzt und stets auf etwas schaut. Wir deuteten die Körperhaltung des Weizenbiertrinkers alle gleich und irrten uns alle: Er schaute auf kein Handy oder Smartphone; er schrieb etwas in ein Notizbuch.]

Etwa zu dieser Zeit, vielleicht 1951, aß E in seinem Baum mehrere Dolden roter Vogelbeeren, die er sich mit Hilfe des Spazierstocks seines Vater gepflückt hatte. Denn es hieß, Vogelbeeren seien so giftig wie Kreuzspinnen, von denen E aber keine fand. Auch keine Kreuzotter. Er hatte würgen müssen; die Beeren waren bitter und hart. E hatte im Wipfel geschaukelt und gewartet, dass er bewusstlos und tot vom Baum stürzen würde, rauschend und knackend durch die Blätter. Das geschah nicht. In der Hosentasche blieben gelbrote Flecken von den beim Hinaufklettern gequetschten Beeren. Also setzte es was. Vom Vater, dessen Hosenriemen weniger erträglich war als der biegsame Teppichklopfer der Mutter. Brummten Hornissen um seinen Baum, reizte er sie mit einem Stock, damit sie ihn stachen. Sie taten ihm den Gefallen aber nicht.

E versuchte es auch mit Pilzen. Zur Beerenzeit ging es in den Kiefernwald mit den hohen Kronen, die auf den dünnen, oft schrägen Stämmen wie Hüte saßen. Das Sonnenlicht fiel in Streifen in den Wald, auf dessen Boden kniehohes Gras und brusthoher Farn wuchsen und kitzelten. Die üppigsten Beerenbüsche fanden sich am Zaun des militärischen Sperrgebiets und in den Lichtungen davor. Abends entließ ein großes Tor die grünen Lastwagen der Amerikaner, in denen Waffen, Sprengstoff und was sonst noch aus dem verlassenen Munitionslager der Wehrmacht abtransportiert wurden. Mehr wussten E und sein Bruder davon nicht. Sie schauten, wenn die Laster nach den asphaltierten Straßen der Muna langsam wurden auf den lehmigen Straßen, ob sie einen Neger am Steuer sehen konnten. Alle sagten Neger. Den Neger der Inneren Mission kannten sie aus der Kirche. Er nickte, wenn sie ihren Groschen in seinen Schoß warfen, den sie bekommen hatten, wenn sie zum Kindergottesdienst, dann zum Konfirmationsunterricht geschickt wurden. Manchmal aber liefen sie statt zur Kirche durch die Felder, meist nicht neben-, sondern hintereinander, und sparten sich die zehn Pfennig für zwei Eiskugeln auf der blassen Hörnchenmuschel. An Milcheis gab es Vanille und Schokolade; an Wassereis Zitrone und Himbeere. Die Brüder ließen sich lecken am Eis des andern. Der Vater fragte beim Mittagstisch nach der Predigt im Gottesdienst und den Liedern. Die Brüder erfanden irgendwas. Der Vater konnte diese Lügen nicht durchschauen. Manchmal fanden sie in dem frei gegebenen Teil der Muna einen leeren grünen Kanister, in dem der Bruder Karbid zum Kochen brachte. Die Büsche längs des lichten Zauns zum amerikanischen Sperrgebiet waren voller Beeren. Die Mutter trug eine große, ihre zwei Buben je eine kleine Milchkanne. Die mussten vollgefüllt werden mit Brombeeren. Und eine gemeinsame große Kanne für die Himbeeren. Alle Blechkannen waren verbeult. Manchmal schlugen sich die Brüder damit. Kannen kamen auch zu Schaden, wenn die Mutter mit dem Rad zum Milchmann fuhr und beim Ausweichen vor einem wackelnden Ochsengespann in ein Lehmloch geriet und umkippte. Mit den dicken Brombeeren ließen sich die Kannen schneller füllen. Doch kratzten und stachen die Brombeerbüsche elendig. Die allerdicksten hingen immer hinter dem Zaun. Und wenn man mal, vorsichtig durch die Stacheln und die rostige Drahtwabe greifend, hinter dem Zaun eine fette Brombeere pflücken konnte, fiel sie in die mit schmerzendem Arm so weit wie möglich vorgestreckte Hand von selbst und matschte und färbte die Finger schwarz-rot; oder sie fiel daneben. Die milder stechenden Himbeeren machten es ihnen leichter. Doch zitterten um die Himbeeren Mücken und saßen unsichtbare Tiere auf ihnen, die plötzlich Hand und Mund übel verstanken. Ab und an füllte der Bruder hinterrücks seine Brombeerkanne halb mit Laub und rief bald, seine Kanne sei voll. Als es rauskam, wenn die Kannen in die Zinkschüssel geleert wurden, in der ihnen auch die Füße gewaschen wurden, setzte es nichts, weil es ein Spaß gewesen war. Wurden die Himbeeren gekocht, lagen obenauf die vielen weißen Leichen der Würmer, die von der Mutter abgeschöpft wurden, während der Vater sagte: Stellt euch nicht so an. Im späten August begann nach der Beerenzeit die Pilzzeit. Die Mutter trug einen Korb mit sich. Sie kannte keine Pilze, wusste aber von der Pilzhex, dass Pilze mit dem Messer am Fuß abgeschnitten werden mussten. Sie trugen den vollen Pilzkorb zur Pilzhex mit dem Kopftuch. Sie war eine Flüchtlingsfrau und sprach Astpreißisch. Die Pilzhex verlas die Pilze: die schmackhaften, die ungiftigen und die giftigen, die sie zur Seite legte. Für sich, argwöhnte die Mutter, denn sie traute der Pilzhex zu, dass sie betrogen und die besten Pilze für sich reserviert hätte. E stibitzte sich zwei sehr giftige Pilze, als die Frauen über die Auswahl haderten. Er aß sie roh. Nichts geschah.

Dann erkrankte E. Etwas mit Magen-Darm. Der Dorfarzt, der seine Pockenschutz-Spritzen aus einem rostigen Schuhcremedeckel aufzog, konnte es nicht diagnostizieren. Im Krankenhaus der entfernten Stadt wurde experimentiert, bis man herausfand, dass E keine Nahrung bei sich behielt bis auf Bananen. Die Familie besuchte ihn samstags. Um in die Stadt zu kommen, musste von Bummelzug zu Bummelzug umgestiegen werden. Bananen gab es im Dorf nicht. Die Mutter fuhr einmal in der Woche in die Stadt, um die teuren und seltenen Bananen zu kaufen, die kühl gelagert wurden in einem Kasten, für den aus der Dorfbrauerei Eisstangen gebracht wurden. Der Eismann trug eine Lederschulter, auf die er die Eisstangen legte. Das Pferd des Eismanns war dick, die Hufe zottelig, es brunzte, während es wartete, lange und schaumig.

Die Bimmelbahn, Express genannt, fuhr so langsam, dass E und sein älterer Bruder mit den Ranzen aus gepresster Pappe erst aus dem Haus rannten, wenn der Zug am LP-Schild vor dem Bahnübergang läutete und pfiff und die Schranken am Bahnübergang des Bahn hofs schon bimmelten und sich senkten. Der Weg zum Bahnhof betrug etwa 400 Meter, wenn man aber querfeldein rannte und unter den Schranken durchschlüpfte, nur 200 Meter. In einer Wette mit seinem älteren Bruder wagte es E wiederholt, vom Bremserhäuschen des letzten Wagens beim LP-Zeichen abzuspringen und die zwei Wagen zu überholen, sodass er vor dem Zug im Bahnhof eintraf, keuchend allerdings. Gewettet wurde um fünf Pfennig, das Eisgeld, das der Verlierer aus dem Geldbeutel der Mutter stehlen musste. Der Schnüffel konnte flink sein. Meist waren es normale Wagen, in denen sich die Fahrschüler gegenüber saßen und auf einem zwischen sich gelegten Ranzen Mau-Mau spielten. Manchmal waren es auch grüne Viehwaggons, die hatten eine große Schiebetür, oben kleine Gitterluken, die Bänke liefen rundum an den Wänden. Es war zu unbequem und zu dunkel, um Mau-Mau zu spielen, und manchmal fuhren auch Kühe mit zum Schlachthof.

[**Notiz. Beschleunigung.** Noch kannten E und sein Bruder nicht die Verwendung solcher Viehwagen. Noch hatten sie sich nicht zur »Bewältigung der Vergangenheit« auf dem Gymnasium Alain Resnais' Film »Nacht und Nebel« über die Deportationen in Konzentrationslager anschauen müssen. Wir mussten uns dann in der Oberstufe auf Geheiß der Schulleitung auch den Resnais-Film »Hiroshima, mon amour« anschauen, bei dem allerdings nur ein Empörungsschrei losbrach, als der Mann seiner Liebhaberin den Fuß küsste. Bei der Fahrt mit dem lahmen Express konnten die Schüler die Schilder an den Bahnhöfen gut erkennen. Seit den schnellen IC-Zeiten habe ich Schwierigkeiten, die Schilder der durchfahrenen Bahnhöfe zu lesen. Die ICEs sausen durch Tunnel, in denen kein Bahnhofsschild hängt, und rasen in ihnen zwischen Frankfurt und Siegburg bergauf und bergab, ohne dass man es merkt. »Die Passagierkapseln des ›Hyperloop‹ sollen mit 1 200 Stundenkilometern durch eine Röhre von Los Angeles nach San Francisco rasen. Würden Sie da einsteigen?«]

Wenn die Mutter auf dem Esstisch den für E nicht enträtselbaren Schnittbogen mit dem Rädel abgefahren hatte, um Hemden und Hosen für die Jungen zu schneidern, saß E gerne unten neben den Füßen der Mutter, die oben nähte, das Schiffchen einlegte, den mit den Lippen befeuchteten Faden durch das Öhr in der Nadel zog, die sich auf und ab bewegte, wenn die Mutter mit beiden Füßen unten auf das Pedalbrett trat. E beobachtete den Takt der Füße der Mutter, die oben den Stoff unter die stahlblanke gespaltene Zunge der Pfaff-Nähmaschine schob oder ihn herauszog, mit der linken Hand das Rad anhaltend, mit dem der Schwung der Nadel angeworfen und gebremst werden konnte. Der Unterbau der Maschine war aus schön geschwungenem Gusseisen. Die Pleuelstange, neben der E hockte, bot eine dünne Erinnerung an die große Dampflokomotive, die 01 oder 02, deren Pleuelstangen langsam, aber mit großer Kraft die rot gestrichenen Räder der Lokomotive in Bewegung zu setzen versuchten und es immer wieder schafften, wider Erwarten, weil all der Dampf aus all den Nähten, dem Schornstein der Lokomotive, all das Keuchen der riesigen schwarzen Maschine zu schwach zu sein schien, um den Eisenkoloss samt angehängten Waggons anzuziehen. Und als durch das Ungetüm der erste Ruck ging, als dann die Pleuelstangen die schweren Räder in einen stockenden Rhythmus brachten, als das regelmäßige, verhaltene Pff-Pff der Lokomotive überging in das Dampfkeuchen, Dampfschreien, füllte sich die Bahnhofshalle mit dem Qualm der Lokomotive. Die Lokomotivführer schauten aus den Fenstern der Lok, sie trugen schwarze Mützen. Der schuftende Heizer war nicht zu sehen. Und dann hieß es »Einsteigen, Türen schließen, Vorsicht bei der Abfahrt des Zuges«. Der Mann mit der roten Mütze rannte, um eine offen gebliebene Tür zuzuschmettern.

[**Notiz. Zum Beispiel Disketten.** Das schlimmste Verbrechen sei, waren wir gewarnt worden, als ich Zugbegleiter war, eine bei der Abfahrt des Zuges nicht geschlossene Tür. Die schlage wie eine Granate in die Wartenden auf dem Bahnsteig. Das Erlebnis der Dampfloks und der Züge, an denen die Türen von Hand geschlossen wurden, verbindet mich mit dem 19. Jahrhundert. Noch immer bin ich erstaunt über das plötzliche, leise, das glatte Anfahren der Regionalzüge, die nicht einmal mehr Pfiff und Lautsprecher brauchen, um abfahren zu können. Ob es Erfahrungen technischer Art gibt, die nach 100 Jahren uns mit 2116 verbinden? Sind alle unsere sich überschlagenden Erfindungen 2116 museal? So museal wie Tonkassetten und dann PC-Disketten jetzt schon? Dass die Bänder von Tonkassetten nicht mehr in allen Bäumen und Sträuchern hängen, ist kein Verlust. E hat vor allen Computern die Welt verlassen. Kurz danach hat sein Bruder angefangen, mit gelochten Karteikarten und einer Stricknadel sich eine Datenverarbeitung aufzubauen.]

Mit einer solchen Dampflokomotive 01, 02 oder 03 fuhr E nach Wuppertal. Als E auf dem Hauptbahnhof Wuppertal-Elberfeld ankam, um seine Großeltern in Barmen zu besuchen, wusste er nicht, was ihn erwartete. Er trug ein Schild um den Hals, auf dem sein Name, Herkunft und Ziel standen. Er hatte im Dienstabteil sitzen dürfen und wurde auf dem Bahnhof Wuppertal von einer Frau der Bahnhofsmission übernommen. Wie anderswo waren Teile des Bahnhofs noch Ruine, Ruinen drumherum, ein paar VW-Käfer, ein Opel-Taxi. Sein Großvater, der sich die zehn Pfennig für die Bahnsteigkarte gespart hatte, holte ihn in der Bahnhofshalle ab. Den Weg nach Oberbarmen liefen sie zu Fuß. Die Schwebebahn war dem Großvater zu teuer und Laufen gesund. Weil E leicht vorgebeugt ging wie seine Mutter, des Großvaters Tochter, steckte ihm der Großvater seinen Spazierstock zwischen die nach hinten ausgestellten Armbeugen. Sein Großvater war ein rekrutierter Einjähriger-Soldat, war aber im Ersten Krieg unabkömmlich gewesen als Hauptkassierer der Reichsbank Schwelm, zu der er täglich von Oberbarmen aus mit der Bahn gefahren war. Als sie aus der Ebene entlang der Wupper und der Schwebebahn zum Anstieg die Straßen hinaufkamen, war E schon müde. Der Großvater schritt mächtig voran und schalt den faulen Jungen seiner

Tochter. Besser, rieten die Großeltern, gehe E nicht allein aus dem Haus; denn im Wäldchen am Ende der Bergstraße drohe seit dem Krieg gefährliches Gesocks. Und hinunter wollte E nicht, weil er sonst wieder hätte hinauftrotten müssen. Der Großvater lief mit E, der den Stock im Kreuz trug, hinauf und herunter und wenn der Großvater Bekannte traf, hatte E flugs den Stock aus dem Rücken zu ziehen und einen Diener zu machen. E war froh, als er wieder nach Hause fahren durfte, wo sich über den Blasen an seinen Fersen, die er sich in den vom Bruder geerbten Schuhen erlaufen hatte, neue Haut bildete.

Die Großmutter saß am liebsten am Fenster, die Unterarme gestützt auf ein braunes Kissen, in das sie sehr bunte Blumen gestickt hatte, und schaute die Straße hinunter und herauf. Am Sonntagnachmittag nahmen die Großeltern ihren Enkel mit in die letzte richtige alte Wirtschaft auf halber Höhe über der Wupper, in deren Garten man sommers bei gutem Wetter ein aus Zeitungspapier gefaltetes Tütchen mit Kaffeepulver abgeben konnte, das die Großmutter in einer Moccamühle aus braunem Bakelit zwischen ihren Küchenkittelschenkeln gemahlen hatte. Das Kaffeepulver kam zurück in einer weißen Dicken Berta als gebrühter Kaffee. Die mitgebrachte Fleischwurst im Ring, die mit einem Wollfaden gekennzeichnet sein musste, kam gesiedet zurück auf einem dicken weißen Teller. Der Großvater zahlte nur

Geld für das heiße Wasser, das Aufgießen und Sieden, für das Besteck, den Senf und für sein Bier, das zusammen mit dem Schnaps eine Lage hieß. Waren mehrere Lagen zusammengekommen, erzählte der Großvater von Hitler, dem Anstreicher, den er nie gemocht hatte, und von den Schurken, den Bonzen, die seine Beförderung zum Reichsbankoberrat verhindert hatten, aber nach dem Schlamassel angekrochen gekommen waren, damit er ihnen einen Persilschein ausstelle. Was er meist getan habe. Es könne jedermann irren, und weitergehen müsse es auch. Lieber aber erzählte er, nun schon auf dem Sonntagnachmittagssofa, von seinem Schulkameraden Erbslöh, der ein reicher Sohn gewesen sei und deswegen habe Maler werden können, kein Anstreicher. Und während der Großvater so erzählte und immer wieder fragte, wo er stehengeblieben sei, wippte die Zigarre Schwarzer Geiger vor seinem Mund. Als Es Großvater, der gradrückige Wanderer, durch einen Schenkelhalsbruch krumm und dann hinfällig geworden war, lag er in der Wohnung von Es Eltern in einem mit Kissen gestopften Bett und las den Lesezirkel der vergangenen Woche, besah sich die jungen Frauen auf den Titelseiten der Illustrierten und sagte: »Geht mich nichts mehr an« und »Ich wollt, ich wär tot.«

[**Wuppertal.** Ich war nach Wuppertal gefahren, um die Schwebebahn zu sehen und das Haus von Es Großvater zu suchen. Ich wusste, dass E einen anderen Hauptbahnhof der ehemals reichen, stolzen Stadt Wuppertal gesehen hatte. Denn der Tunnel Döppersberg, der den Bahnhof mit der Einkaufszone und der Schwebebahn verbindet, war noch nicht gebaut. Ich wusste aus dem Netz, was mich erwartete: »Vermutlich Deutschlands hässlichster Hauptbahnhof«; »Reisende, meidet diesen Bahnhof, wenn es irgendwie geht«; »Es sei denn ihr steht auf Kloaken, versiffte Pfützen und verdreckte Toiletten und billig Bier, welches das entsprechende Klientel anlockt, dann herzlich willkommen am HBF Wuppertal, man wird angebettelt und von Tauben zugeschissen!« »Man kommt aus der Unterführung bis zu einer gewissen Platte, an der überall Alkoholiker, Junkies und andere Kreaturen ihre Zeit zu vertreiben versuchen. In der Innenstadt, in der man sich nun befindet, wird es allmählich besser, vor allem seitdem einige neuartige Future-Bauten gebaut wurden.« Ich hatte geplant, mich dennoch bis in die Innenstadt durchzukämpfen, zum Von der Heydt-Museum, wenigstens mit der Schwebebahn an Pina Bauschs Theater vorbeizuschwenken. Ich tat nichts davon. Als ich die verrostete Schwebebahn schwanken sah, strich ich Pina Bausch. Ich kletterte mit Mühe in den steilen Döppersbergtunnel zurück und sagte mir: Das ist die Wahrheit des Bergischen Dreiecks der mal so properen Städte Remscheid, Solingen und Wuppertal, wo Salafisten und Faschisten wuchern, von denen ich aber keine sah. Den zugigen Bahnsteig vor der bedrückend hohen Natursteinmauer liefen Junge und Alte auf und ab und telefonierten oder saßen auf der Bank und daddelten. Eine etwas schlampig wirkende deutsche Frau beschwerte sich über ihren türkischen Schwager bei einer hübschen Kopftuchfrau mit schwarzen Augen. In die S-Bahn war mit mir eingestiegen ein großer alter Herr in jägergrünem Loden, der, solange die Schwebebahn zu sehen war, von Sitz zu Sitz ging und die Reisenden aufforderte, hinauszuschauen, den Kopf zu heben, da sehe man die Schwebebahn. Niemand folgte ihm. Mir gefiel das, weil ich auf der Rheinstrecke zwischen Mainz und Koblenz mittlerweile fast der einzige bin, der noch zur Loreley schaut. Doch waren statt des malerischen Mittelrheins mehr verrostete Rohre und eingeschlagene Fenster zu sehen. Als er zurückkam und die Schwebebahn nicht mehr zu sehen war, forderte er die jungen Reisenden, die ihre Schuhe auf den gegenüberliegenden Sitz gelegt oder auf dessen Kante gestellt hatten, auf, ihre Drecksschuhe herunterzunehmen, denn er wolle nicht in ihrem Kot sitzen. Das hätte ich mich nicht getraut und kein Schaffner, der nicht kurz vor der Pensionierung stand. Bei seinem nächsten Gang schalt er alle »rücksichtslosen Sitzplatzvernichter«, die ihre Rucksäcke, Taschen, Plastiktüten um sich gebaut hatten. Ob sie denn für zwei, gar drei Plätze bezahlt hätten? Das tat er so lange, bis ein Jüngerer und Größerer als er aufstand und eine Delle in den Jägerhut des Herren schlug. Da stieg der Herr aus in Schwelm. Sitzen blieb eine Frau, Mitte fünfzig, und erzählte am Handy wem auch immer, dass ihre Tochter per Ultraschall und pränataler Diagnostik alles wisse über das Baby, mit dem sie schwanger sei, während es bei ihr, erzählte sie, ganz anders gewesen sei, denn da habe der Arzt einen Herzton gehört, aber bei der Geburt sei zunächst der Sohn herausgekommen, dann zu aller Überraschung noch die Tochter, die niemand erwartet habe. Schnell habe der Großvater ein zweites Schaukelpferd in seiner schon ziemlich verstaubten Schreinerwerkstatt gebaut. Als wir an der Endstation aus der Bahn stiegen, telefonierte die Frau noch immer und ich hörte das Wort »erschwinglich«, das ich längst vergessen hatte und mir sofort notierte.]

In der Stadt

Der Vater hatte eine Stelle in der Stadt bekommen. Nun fuhr er nicht mehr mit dem Rad zur Arbeit, denn die Straßen waren noch schadhaft vom Krieg, sondern mit dem Bus. Der Bus war immer voll, der Schaffner musste sich mit seiner Kasse, die ihm vor dem Bauch hing und Metallschächte hatte, in die er die Münzen fallen ließ und aus denen er mittels eines Drückers die Münzen entlassen konnte, während die Scheine dahinter in der aufklappbaren Tasche gesammelt wurden – der Schaffner musste sich durch die Stehenden drängen und zog, wenn der Bus abfahren sollte, an einem Seil, das sich unter dem Dach durch den Bus zog. Einige Jahre später saß der Schaffner neben der Hintertür und man musste bei ihm einsteigen und zahlen. Und dann waren die Schaffner in Bussen und Straßenbahnen verschwunden. Kamen die Brüder am Samstagmittag aus der Schule, der Vater von der Arbeit, konnte der schönste Tag der Woche beginnen. Wenn es gut ging. Meist aber gab es lästige Schularbeiten oder Aufgaben im handtuchgroßen Garten vor dem Siedlungshaus und im bettlakengroßen Garten hinter dem Haus, der durch Bretterzäune von den Gärten links und rechts abgeschirmt war. Der Knöterich vor und der Rhododendron hinter dem Haus waren zu stutzen. Die Platten vor dem Haus zu festigen, hinter dem Haus gegen Wühlmäuse zu kämpfen mit Pechlappen und Räuchereien. Zu achten war darauf, dass kein Ast der Nachbarn über den Zaun herüber- und kein eigener Ast zu den Nachbarn links und rechts hinüberwuchs. War die Arbeit getan, wurde im Rasengärtlein hinter dem Haus Boccia gespielt. E verlor meist, was ihn nicht aufregte; er nahm es hin. Oder die Brüder durften zur Kindervorstellung ins Kino, die dreißig Pfennig kostete, war man zu zweit zusammen nur fünfzig. Im Kino sahen sie »Fuzzy der Sheriff« oder einen Karl-May-Film mit Sam Hawkens oder Hadschi Halef Omar Ben Hadschi Abul Abbas Ibn Hadschi Dawuhd al Gossarah. Der Film begann, wenn der schwere Vorhang zu den Seiten gezogen wurde, nachdem der gelangweilte Wasserorgelspieler den Vorhang frei gegeben hatte, vor dem er mit dem Rücken zu den Kindern gespielt hatte, und hinter seinem Rücken und vor den Kindern hatten sich die Wasserstrahlen gehoben und gesenkt im Takt der Wasserorgel und zum Schlussbukett waren sie rot und blau angeleuchtet. Nach dem Kinderkino kam das Bad, dessen Wasser angeheizt wurde durch den silohohen Badeofen, der mit Holzspänchen gefüttert wurde, die sie an einem Samstag hatten hacken und stapeln müssen. Erst badete die Mutter, dann der Vater im selben Wasser, dann E, dann der ältere Bruder. Der Samstagnachmittag war aber wirklich der schönste Tag der Woche, wenn die Brüder auf ihren Rädern über die Sandwellen des Truppenübungsplatzes reiten durften, auf dem Gepäckträger sitzend und mit

Schnüren den Lenker lenkend. Da fanden sie mal einen amerikanischen Stahlhelm, mal den Rest des Holzschaftes eines deutschen Gewehrs, mal begegneten sie schwarzen amerikanischen Soldaten, die E arglos, weil er meinte, das sei das englische Wort für Neger, Nigger nannte, wofür es was von seinem Bruder setzte. Am Samstag spielten sie auf den Straßen mit Murmeln oder dem Wurfkreisel Döppen. Auf den Straßen fuhren kaum Autos. Dennoch musste der Kleinste Schmiere stehen und »Auto« rufen, wenn ein Auto kam.

Schöner noch war der Samstagnachmittag, wenn sie über Hasenpfade und unter fruchtlosen Apfelbäumen in ihr Versteck radelten, mit dem Freund und der Freundin des älteren Bruders. Das Versteck lag in einem Kuchenbusch genannten Wäldchen und war eine verlassene Nissenhütte. Sie hatte keine Tür mehr. Sie saßen und lagen auf den Resten von Matratzen, die zurückgelassen worden waren, der Freund klampfte, die Freundin packte selbst gekochte Karamellbonbons aus, die sie Klümpchen nannten. Sie sangen nicht, was sie in der Schule singen mussten: »Winde wehn«, »Wildgänse rauschen«, sie summten Benny Goodman. Wenn sie zurück radelten, badeten sie, nachdem sie sich hinter undurchschaubaren Büschen das Badezeug angezogen hatten, in einem Weiher, in denen sich an ihre Beine Blutegel saugten, die sie mit Jagd- und Ekelgeschrei abklaubten, auch schnitten sie sich aus dem Schilf einen

Strauß Schornsteinfeger, der, auf dem Gepäcksitz geklemmt, hinter Es Bruder wippte. Nicht immer hatten sie das Glück, rechtzeitig zum Abendbrot zu Haus anzukommen, was der samstagsmilde Vater aber nicht zu einer Generalpauke nutzte. Er brummelte nur, dass wieder jemand ein Licht habe brennen lassen und den tröpfelnden Wasserhahn nicht sorgfältig zugedreht habe. Nach dem Essen, darauf bestand der Vater, mussten die Räder geputzt werden. Danach, darauf bestand die Mutter, ging es ab ins Bad und dann ins Bett.

Unschön waren die Sonntage. Sie mussten in die Kirche, der ältere Bruder in neuen unbequemen Sachen, E in den kratzenden abgelegten Sachen des Bruders. Der Vater ging nie in die Kirche; die Mutter hatte das Sonntagsessen vorzubereiten. Die steifen Sachen durften nach dem Essen ersetzt werden durch bequemere. E liebte vor allem seine Pullover im Raglanschnitt aus weicher Kunststoffwolle, die die Mutter nachts auf der Strickmaschine Knittax gestrickt hatte. Das Ritsch und Ratsch der Strickmaschine wiegte die Brüder in den Schlaf.

In der Schule lauter Sorgen. Wieder blieb E sitzen, was er ahnte, nachdem er den Blauen Brief an die Eltern über Wasserdampf geöffnet hatte. Er hatte nicht die Kraft, sich gegen das Unglück zu stemmen. Er las immer mehr, alles was er fand in der Stadtbücherei an Biographien über Devrient, Alexander Granach, über Gustav

Gründgens. Nachdem er das zweite Mal sitzen geblieben war, wurde E von der Schule genommen und auf eine leichtere getan. Die alte Schule führte Grillparzers »Weh dem, der lügt« auf. E kannte jeden Satz des Stücks, er kannte dessen »inneren Gang und Bedeutung«. Über jede Figur hatte er sich Charakteristiken in ein Heft geschrieben und, wie sie zu spielen sei. E besuchte alle Vorstellungen, redete mit seinen alten Schulfreunden. Aber obwohl sie, schrieb er, ihr Bestes gegeben hatten, blieb es doch eine Laienspielschar, was vor allem daran zu erkennen war, *dass Laien mit immer den selben Gesten und Bewegungen darstellten, welches Stück es auch sei. Sie können sich nicht fremd machen, in eine Figur schlüpfen, die sie nicht waren. Leon allerdings spielte sicher, ohne Nervosität, mit so impulsiver Gestik, dass es zum Schluß hin zu viel und unerträglich wurde. Schwach war der Bischof. Wie soll aber auch ein Sechzehnjähriger einen greisen, weise abgeklärten, vom Gram über seinen Neffen gebeugten, abgezehrten blassen Bischof überzeugend darstellen? Des Regisseurs Entscheidung, nicht die Probleme, nicht die Frage nach Lüge und Wahrheit herausspielen zu lassen, sondern ein amüsantes Unterhaltungsstück zu geben, war der Schülerlaienspielschar wohl angemessen. Die Germanen sprachen westfälisch Platt. Es wurde viel gelacht.*

Es langweilte E, für das neue Gymnasium auf Pauspapier, auf das er die Umrisse der USA zu übertragen hatte, mit Buntstiften die Regionen zu zeichnen, in denen Weizen angebaut wurde oder Kohle abgebaut, wo sich Stahlindustrie befand, und mit Rot in Chicago den größten Schlachthof der Welt zu markieren. Entsprechendes zum Vergleich von der Sowjetunion. Nachdem E in der vorhergehenden Schule von Cäsar auf Käsar umgestellt worden war, wurde er nun wieder auf Cäsar umgestellt. E schaffte es stets, nicht für ein Fuß- oder Handballspiel seiner Klasse aufgestellt zu werden, weil er sich den Fuß oder die Hand verletzt hatte, und wollte man das nicht glauben, schaffte er die Realität dafür. Er hatte auch nur Turnschuhe, von der Mutter selbst genäht, aus schwarzem Gummistoff, zusammengehalten mit einem starken schwarzen Gummiband. E schlief im Unterricht ein; seine Schularbeiten machte er nicht mehr. Bevor er wieder sitzen bleiben konnte, bevor er ein Consilium abeundi bekommen hätte, wurde E vom Gymnasium genommen und in ein ländliches Internat gesteckt, um wenigstens das Einjährige zu schaffen.

[**Solingen. Fortschritte.** Ein Fortschritt ist, dass ich, je länger ich lebe, abnehmend von Abiturträumen gequält werde. Ein Fortschritt ist für mich mein zwölf Jahre altes Nokia-Handy, das ich stets bei mir tragen sollte, um mitteilen zu können, dass ich noch lebe. Es war im fast holländischen Kalkar, dass ich auf einem Mäuerchen vor der Nicolaikirche nahe drei gickeligen Schülerinnen saß, die darüber stritten, ob die Fotos bei Samsung oder im iPhone besser seien. Eine bat mich, sie drei zu fotografieren. Sie hielt mir ein Smartphone hin. Ich gab zu, dass ich noch nie ein Smartphone in der Hand gehalten habe, worauf die Schülerinnen verstummten, dann loslachten, dann wegliefen. Seit der Wende höre ich auf den Straßen so viel Sächsisch und so viele slawischen Sprachen wie nie zuvor. Das könnte ein Kenntnis-Fortschritt sein, könnte ich die Sprachen, von denen ich nur vermute, dass sie slawisch seien, auseinanderhalten. Der Turmbau zu Babel war kein Fortschritt. E hörte in Berlin vielleicht Ungarisch, sicher Chinesisch, keineswegs Türkisch; in Hamburg vielleicht Dänisch. Ich bewundere an den Jungen den Fortschritt des Multitaskings, die Augen bei ihrem Smartphones und mich immer nur beinahe über den Haufen gerannt zu haben. Dennoch unterdrücke ich nur mühsam Schadenfreude, wenn ich lese, dass ein Radfahrer mit Smartphone am Ohr gegen eine Mauer oder ein Stoppschild gekracht sei. Werner Herzog hat im Auftrag amerikanischer Telefonanbieter einen Film über die Folgen von SMS-Unfällen gedreht: »From one second to the next«. »Einen Fall nahm Herzog nicht in seinen Film auf, weil er keine Drehgenehmigung bekam. Es ging um einen jungen Mann, der eine Kurznachricht an seine Freundin geschrieben und deswegen ein Kind auf einem Fahrrad überfahren hatte. Die Freundin war zu diesem Zeitpunkt allerdings nicht weit entfernt. Sie saß im Auto auf dem Beifahrersitz.«

Ich bin ein Freund des technischen Fortschritts, wenn ich von einer Wurzelbehandlung komme und froh bin, wie schmerzfrei das abgelaufen ist, während ich meine Milchzähne mit einem an die Türklinke gebundenen Faden ausgerissen bekam. Zur Zahnpflege wurden wir in der Nachkriegszeit nicht erzogen. Ist schon erforscht, ob sich unsere Eltern im Krieg je die Zähne geputzt haben? Wir kratzten uns in langweiligen Schulstunden mit dem Fingernagel die Beläge von den Zähnen. In den späten 60er Jahren wurde ich revolutionär und stand an der Spitze des Fortschritts, der sich eine elektrische Zahnbürste kaufte, noch ohne Akku. Nun hinke ich dem Fortschritt hinterher, weil ich nicht zweimal im Jahr zur Zahnreinigung gehe und keine Interdentalbürsten benutze. Mit meinen Zähnen könnte ich keine Tagesschau moderieren. Noch immer erschrecke ich, wenn vor den Uhrenläden immer mehr Reklameständer auftauchen, auf denen nach Zahngold gesucht wird. Denke ich an den Zahnarzt, denke ich an die Heizung, denke ich an Medizin, denke ich an Fortschritt. Wer aber gedacht hatte, Fortschritt sei Fortschritt der Vernunft, der scheitert schon bei den SUVs. Noch immer ärgert mich die Bemerkung des Servicemannes im Apple Store, ich solle mich mit meinem drei Jahre alten Ding nicht an ihn, sondern an das Deutsche Museum wenden.

Wenn ich nicht rumgehe, beobachte und notiere, fahre ich mit S-Bahnen und Bussen umher und beobachte und notiere. Erinnere mich beim Anblick eines auf einem Abstellgleis zwischen Kraut und Rüben stehenden, völlig verschossenen und ausgeweideten Schienenbusses, wie ich einst im leuchtend roten Schienenbus die blauen Plastiksitze umklappte, je nachdem, wie es die Fahrtrichtung erforderte. Hat E je einen

Schienenbus gesehen? Dass der Schienenbus ekelhaft nach Diesel stank, merkte ich erst, als die Elektrifizierung begann, denn der Kohlendampf hatte noch fürchterlicher gestunken. Ich fuhr mit dem Schnellbus nach Solingen, er endete am Rathausplatz, den nur schätzen kann, wer Pferdewurst liebt. Ich fuhr weiter nach Schloss Burg an der Wupper, das aussieht, als wäre es aus den Baukästen von Guido Knopps History-Kulissen errichtet worden. Also kehrte ich um und musste in Burg Brücke auf den Anschlussbus warten. Die zwei Busbahnsteige in Burg Brücke sind von einer noch hässlicheren Verlassenheit als die von Lindlar.

Ich saß auf dem Waffeleisen der verzinkten Bank in Burg Brücke neben einer umfangreichen jungen Frau mit gerötetem Haar, die stark parfümiert war und eine eisennoppenbeschlagene Kunstledertasche auf dem Schoß hatte. Ihr breiter Gürtel war eisennoppenbeschlagen, ihre Stiefeletten auch. Sofort bemerkte ich, dass an der Tasche der jungen Frau kein Talisman hing. Denn ich führe auch eine Statistik über das Verschwinden der an Rucksäcken und Taschen baumelnden Seehunde, Schlümpfe, Äffchen und Aliens. Nebenbefund meiner Talisman-Erhebungen: Die Schultertaschen haben die Rucksäcke verdrängt. Und die jungen Frauen tragen ihre Taschen neuerdings in der Armbeuge. Das ist kein Fortschritt, denn das taten sie in den 50ern schon. Man möchte den Alltagssoziologen zustimmen, die sagen, alles geht und kommt wieder, die Stöckelschuhe, die Unisex-Clogs, die kurzen Röcke, die ausgestellten Hosen, das Gel in den Haaren, das kurze, das lange, das gar nicht Umklappen der Jeanshosenbeine, das weibliche Schamhaar, das Tanzen, die Oktoberfestdirndl. So ganz kann ich ihnen aber nicht zustimmen. Denn offensichtlich gehen die Dirndl und Lederhosen jenseits von Bayern leider überhaupt nicht mehr weg.

Während der ganzen Zeit – es dauerte über eine Stunde, bis der Anschlussbus kam – bediente die Duftende ihr Smartphone, ohne auch nur einmal Notiz von mir zu nehmen, obwohl wir auf den zwei fürchterlich drückenden Zinksitzen Hüftwulst an Hüftwulst saßen. Trotzdem konnte ich nicht erkennen, was sie mit dem Smartphone tat, weiß aber aus Statistiken, dass Nutzerinnen mehr SMS schreiben, während junge Nutzer mehr spielen. Die Frau war groß und saß gebeugt über ihrem Smartphone. Myroslav Bachynskyi vom Max-Planck-Institut für Informatik in Saarbrücken prognostiziert, dass sich im Lauf der Evolution die Muskeln des oberen Rückens zurückbilden werden, damit es die Menschen nicht so schmerzt beim gebeugten Stieren auf das Smartphone auf dem Schoß. Ob die pharmazeutische Industrie die dann geringere Einnahme von Diclofenac für einen Fortschritt halten wird, steht dahin.

Es ist die Gemeinheit der Stadtwerke Solingen, dass sie einen nicht von Burg Brücke nach Solingen Rathausplatz direkt fahren, sondern einen in Krahenhöhe zum Umsteigen und Warten nötigen. Wieder saß ich mit der Duftenden auf einem Zweierrost, wieder nahm sie keine Notiz von mir. Als wir uns dem Pferdwurst-Rathausplatz näherten, begann sie zu telefonieren, plauderte und lachte, ein Schwung ging durch sie, sie straffte sich. Kurz vor dem Rathausplatz Solingen sagte sie was von geil und gleich irre ficken, stieg aus und in die Arme eines Jungen mit stark gegelten schwarzen Haaren. Ich hatte mich wieder geirrt. Nach meinen Erfahrungen mit physiognomischen Schemata ethnischer Zugehörigkeiten hätte sie ihrer hohen Wangenknochen wegen Slawisch sprechen müssen. Sie rollte aber das R sehr bergisch.

Von Nahverkehrsbussen hatte ich jetzt genug. Ich ließ Solingen mit dem schnellsten Zug hinter mir, einem IC. Ich klaubte Zeitungen und las, dass Frank Schirrmacher gestorben und es sein vielleicht größtes Verdienst sei, nachdrücklich gesagt zu haben, dass die ständigen Herausforderungen durch die neuen Technologien unser größtes Lebens- und Generationenproblem geworden seien. Ich las, wie der Schauspieler Max Simonischek sich beklagte, dass man bei Bahnfahrten nicht mehr ins Gespräch geraten könne. Mehr als die Hälfte daddele, alle hätten keine Neugier mehr auf die anderen. Ebenso schwinde die Freundlichkeit, die Höflichkeit, als seien das Schleimerei oder Streberei oder so. In einem Anzeigenblatt stellte Marktforscher Holger Geißler fest: »Y-Titty ist so bekannt wie Angela Merkel« bei »jüngeren Menschen unter 30«. Und fasste zusammen: »Ganz doof gesagt: Die Jungen sind auf YouTube, die Alten im WDR.« Zu Hause ging ich sofort an meinen Computer und rief »Y-Titty« auf. Es gelang mir sogar, aber nur, weil ich mit einer Maus arbeite. Das Institut für

Wissensmedien (IWM) an der Universität Koblenz-Landau hat erforscht, dass auch PC-erfahrene Senioren die größte Mühe hätten, mit Wischbewegungen zurechtzukommen. Ohne Stift bzw. Cursor wissen sie nie, wo sie sich befinden, ob im Hintergrund oder im Vordergrund, wie sie Dateien schließen, neue öffnen können. Das trifft für mich zu. Ganz anders bei dem Mädchen, das mit seinem Vater am Bahnfahrkartenautomaten stand und verzweifelte, weil es nicht akzeptieren wollte, dass der Automat mit Tippen, nicht mit Wischen zu bedienen war. Die kleine Tochter wird eines Tages verzweifelt sein, weil sie nicht begreifen kann, dass Automaten alles von alleine tun werden. Das wäre ein Fortschritt; denn dann würden die Automaten nicht mehr durch depperte Alte und Ausländer, neuerdings Flüchtlinge, blockiert. Vorletzte Frage zum Fortschritt: Hat man je auf einem heterosexuellen Tandem eine Frau vorne sitzen sehen?]

Für E wäre schon ein einfaches Handy die Rettung gewesen, besser noch ein Smartphone mit GPS. Er hatte später, in der Zeit, als er sich für die Schauspielprüfung vorbereitete, eine Ferienarbeit als Kellner gefunden. Dahin fuhr er, wie er es am liebsten tat, auf dem offenen Ein- und Austritt des letzten Wagens des grünen Zuges, in den er aus dem Eilzug umgestiegen war, und rauchte seine Drehnussi in die Qualmfetzen der Lokomotive, die, je nach Biegungen und Wind, mal links, mal rechts aufpusteten und verflogen, und schaute den sich in der Ferne verlierenden, aber nie sich schneidenden Schienen nach. Er hielt sein Haar in den Fahrtwind, stemmte sich gegen das grüne Gitter, bis er schlotterte. In Anröchte war Schluss. E hatte sich gedacht, er werde den Weg zur Waldschenke schon finden, wie man ihm am Telefon versichert hatte. Zu trampen gab es nichts. E lief die Straße aus dem Ort, Richtung Norden, wie man ihm geraten hatte. Längs der Straße standen ab und an rohe Holzbänke mit Milchkannen. E lief unter den von Mast zu Mast hängenden Leitungen, die von weißen Porzellanpilzen an den geteerten Stangen gehalten und weitergereicht wurden. Einmal legte er sein Ohr an das nach Pech stinkende, spreißlige Holz und hörte das Summen, von dem es hieß, es seien die Stimmen der Telefonierenden und der Fräulein vom Amt. Dann wollte er sich aber sputen, um rechtzeitig die Waldschenke zu erreichen, bei der E nach Ankunft freie Kost und Logis erhalten sollte, und alles, was er an Trinkgeld bekomme, sei seins. Kein Auto, kein Motorrad, kein Mensch, den er hätte fragen können. Der Straßenrain war mit schief stehenden, dicken Basaltstümpfen eingefasst. In der Baumreihe vor sich vermutete er die Chaussee, von der man ihm am Telefon gesagt hatte, dass sie der Weg zur Waldschenke sei. Er bog in die Chaussee ein, als es zu dunkeln begann. Ein Radfahrer, schon von weitem erkennbar am Schein seiner hüpfenden Funzellampe und am Quietschen des Dynamos, stieg ab, als er an Es hochdeutscher Frage erkannte, dass kein Gesindel ihn bedrohe. Der Weg war richtig. Aber kaum mehr sichtbar. Einmal kam ein Opel Admiral und jagte ihn vom Fahrweg in den Wald, aus dem er nicht mehr herausfand. Mit ausgestreckten Händen, mit vorsichtig tastenden Schuhen suchte er den Fahrweg, geriet aber immer mehr in Gebüsch und Abschüssiges. Jedes Mal, wenn E hoffte, den Fahrweg unter den Füßen zu haben, war wieder nur Weiches, Geäst, Laub, Morast. Er wusste nicht, wo er war, er sah kein Licht, es hatte keinen Zweck. Er lehnte sich, hockte sich dann an einen Baum und versuchte, die Blechbüchse mit den Drehnussis und sein Benzinfeuerzeug aus dem Matchbeutel zu klauben. Das Feuerzeug sprang nicht an. E behielt die kalte Zigarette, deren dünnes Papier durchweichte, im linken Mundwinkel. Irgendwann sank er um. Er wachte mit den Vögeln und dem Licht auf. Die Drehnussi war nur noch ein Krümel auf den Lippen. Er fand die Fahrstraße, lief, bis ein Abzweig auftauchte und ein halb durchgebrochener Wegweiser zur Waldschenke. Die hatte Ruhetag. Alles verschlossen. Mit Kost, Logis und Trinkgeld war es nichts an diesem Tag. E saß auf einem Heuballen in der unverschlossenen Remise und übte seine Tonleitern, Konsonanten und Vokale, hielt sich mit Memorieren von Schiller und Lessing munter und trat, wenn er rauchte, aus der Remise in den Wald.

Der sanfte Heinrich

Das wohlfeile Internat war mit dem Zug nicht zu erreichen, Busse fuhren nicht. E packte den Koffer auf sein Rabeneick-Rad mit Torpedo-Dreigangschaltung, das er zur Konfirmation von allen Verwandten bekommen hatte, schnürte den Koffer fest und radelte in die dreißig Kilometer entfernte Kleinstadt. Zuvor hatte er aus den Speichen des Vorderrades den geknickten Bierdeckel gelöst, der, angezogen mit einer Schnur vom Lenker aus, brummende motorradähnliche Geräusche machte, wenn E schnell fuhr. Im Koffer lagen, zwischen der Unterwäsche und den Handtüchern, in die die Mutter Namensschildchen hatte nähen müssen, den zwei Hosen und zwei Pullovern mit Raglanärmeln, seine Schätze – Reclamhefte und Taschenbücher: Shakespeare, Schiller, Lessing, Thornton Wilder, Tennessee Williams und Eugene O'Neill, Sartre und Camus. Und eine Zigarettendrehmaschine, Tabak und Zigarettenblättchen. Nach zwei Dritteln der Strecke rutschte der Kettenzug aus der Nabe und E, der das Rad wegen des tröpfelnden Regens unter eine gewaltige Eiche geschoben hatte, kriegte es nicht hin, die lange schmale Schraube mit dem Kettenzug so in die Nabe einzudrehen, dass die Schaltung wieder funktioniert hätte. So fuhr er im größten Gang gegen den Wind von Holland her, gebeugt über den Lenker, Druckstellen am Po. Aber er war ja ein großer starker Kerl, der auch die aus dem platten Land, in dem vereinzelte dunkelrote Höfe standen, unvermittelt auftauchenden Sandsteinhügel und Geest-Wellen überwand, wenn auch stehend fahrend und keuchend. Der Regen war stärker geworden, im alten Koffer aus fester Pappe litt Shakespeare und wurde etwas wellig. E wickelte ihn fest in einen Pullover. Er war nun siebzehn Jahre alt und hatte noch fünf Jahre zu leben.

Das Städtchen war wie alle: braune Klinker, dunkelrote Dächer. Um den gestauchten Kirchturm flogen Dohlen und krächzten. Die Straßen waren, wenn sie befestigt waren, mit schwarzen Buckelsteinen gepflastert, wodurch sie bogig wurden und rutschig. E stürzte, der Koffer löste sich vom Rad, blieb aber heil. Es Nase blutete. Kein Kiosk. Eine Bäckerei [1958: ohne Stehcafé und ohne To go], eine Fleischerei, einen Milchmann mit Konsum, eine Apotheke, einen Friseur, zwei Wirtshäuser entdeckte er, kein Café. Es gab zwei Bänke. Eine an der Kirche auf dem dichten moosigen Gras, in dem schräg und grau alte, vom aufgelassenen Kirchhof übrig gebliebene Grabsteine standen, deren Inschriften nicht mehr zu lesen waren, darauf Dohlenschiss. Die andere am Wassergraben, der sich um ein Wasserschloss zog, dessen Fenster vernagelt waren, vor dem großen, grünen, abblätternden Tor kreuzweise Balken. Die dunkelbraunen Backsteine des Schlosses waren schartig, manche fehlten; das Dach wies bedrohlich durchhängende

Senken auf. Vom aufgesogenen Wasser waren die Mauern dunkel und weiß vom Schimmel. Auf dem hier Gräfte genannten Wassergraben grüne Grütze, durch die eine einzige Ente eine schwarze Spur geschwommen hatte. Im Park waren Bäume umgesunken, an denen Spechte auf und ab liefen, mal hervorlugten zu E, mal sich versteckten und wieder loshämmerten. E lehnte sein Rad an die Brücke, die zum verrammelten Tor führte. Die Brücke aus Backsteinen bestand aus zwei massiven Mauerbögen, dazwischen ein feldsteinhelles Pflaster. Löwenzahn und Gras hatten sich über die Pflastersteine gesät, die Mauerkronen waren mit schartigen Resten von Mörtel überzogen, Ameisen und rote Käfer krabbelten bis unter Es Beine. E liebte die Brücke sofort. Er fuhr weiter zum Internat, ein dreistöckiges altes Gebäude aus Backsteinen. Im Internat wurde ihm ein Pflaster über die Nase geklebt, an der das Blut braun eingetrocknet war.

In Peter fand er einen Freund, mit dem er über Kunst und alles reden konnte. Sie saßen viel auf der Brücke, rauchten. Heimfahrten waren vorerst nicht erlaubt. Besuche ebenso wenig.

Aus Es Tagebuch:

26-x-58 Sonntag

Eben war Stunk bei uns in der Bude. Ingo hatte eine Pfeife geraucht und damit der Rauch abziehen konnte, das Fenster geöffnet. Ottwin kam rein und machte das Fenster zu, wahrscheinlich nur, um Ingo wieder zu ärgern. Ingo machte das Fenster wieder auf, worauf Ottwin Ingo einen unters Kinn tickte. Darauf wurde Ingo wütend und schrie Ottwin an, er solle sich zusammen nehmen, sonst würde er, Ingo, ihn zusammen schlagen. Es war das erstemal, dass Ingo Ottwin ernsthaften Widerstand leistete. Und das wahrscheinlich nur, weil ich ihm schon öfters gesagt hatte, er solle sich die Anpöbeleien von Ottwin nicht immer gefallen lassen. Ingo sagte dann weiter zu Ottwin, er stinke uns allen schon lange und das stimmte, soweit sich das alles auf mich bezog. Allerdings hatte ich es mir noch nie anmerken lassen. Später fragte mich Ottwin, ob er mir auch stinke und ich sagte »nein«! Also gekniffen, reinweg gekniffen, obwohl Ottwin längst nicht so stark ist wie ich, ich ihn also keineswegs zu fürchten brauche; denn auch geistig bin ich ihm weit überlegen. – Warum aber habe ich dann gelogen, verflucht nochmal. Weil ich keine Streitereien will, weil ich feige bin. Ich fürchte den Kampf, ich bin ein richtiger sanfter Heinrich. Alles lasse ich mir gefallen und wenn ich nicht so stark wäre, würden sie mit mir machen was sie wollen, sie würden mich ausnutzen bis zum Letzten. Warum habe ich kein Selbstvertrauen. Man kann doch nur im Kampf mit seiner Umwelt und mit sich selbst ein Mann, ein ganzer Kerl werden. Ich kann es nicht vergessen, das Wort, das mein Vater einmal im Zorn mir an den Kopf warf: »Du bist ein Kindskopf von 1.90 Metern Länge.« Oh, wie lehnte ich mich damals gegen dieses Wort auf, und doch, wie recht hatte mein Vater, wie hatte er mich an meiner schwächsten und ungeschütztesten Stelle getroffen. – Innere Ruhe und Ausgeglichenheit, Festigkeit und Selbstvertrauen findet man doch erst im Sieg über seine Widersacher. Warum ringst du nicht alle nieder, erhebe dich über sie, fliege über sie hinweg, du kannst es, du hast das Zeug. Nimm alles in Kauf: Anfeindung, Alleinsein, Abgesondertheit, alles, alles, nur mache das, was für dich gut ist, was dir hilft, denn du bist in erster Linie für dich da und nicht ein Knecht der Wünsche anderer.

E lernte die Grabrede des Antonius aus Shakespeares »Julius Cäsar« auswendig, aber seine schlechte Stimme fasste diesen eigentlich dankbaren Part nicht. Wie sollte er da Schauspieler werden können? Seine dichterischen Träume lagen ganz am Boden. Sein Geist war doch zu klein. Er las Françoise Sagans »Bonjour tristesse«. Er mochte dieses kalte, gefühllose, amoralische Buch nicht, in dem es kein leuchtendes Licht gibt. Er mochte die erotischen Beschreibungen nicht, die nackten oder runden Schultern, den feinen, braunen, gebogenen Nacken, die vollendeten Beine, diese Augenringe, blau und violett, diese Lust, Begierde, diese sich hingebenden Körper, diesen Schweiß, diese zitternde Ermattung – altbekannt und abgeschmackt. *Solche billigen Tricks, um Spannung zu machen, hat ein Dichter nicht nötig. – Aber ich vergesse ja, dass die heutige Jugend geschildert wird, mit ihrer ganz anderen Mentalität. Ich glaube nicht, dass sich die heutige Jugend nur mit Erotik und dieser schmutzigen Liebe beschäftigt. Ausserdem haben wir auch noch Ideale, den Glauben an ein höheres Wesen, an Ehre, Gewissen, Sittlichkeit und Anständigkeit. Solche amoralischen, gewissen- und bedenkenlosen, nach Liebe und Erotik begierigen, hemmungslosen, von allen ethischen Begriffen losgelösten Schweine sind wir nicht.*

E las Jean-Paul Sartres »Im Räderwerk« und begriff, dass Revolution und Gegenrevolution Unaufhaltbares sind und jeden Einzelnen zermalmen. Aber *wofür das dauernde Gerede von Frauen, Liebe, Zusammenschlafen u.s.w. Es gibt kein modernes Buch, das Anspruch auf Qualität erhebt, in dem nicht über das selbe Thema in schamloser, geschmackloser Weise geredet wird. Ist das moderne Kunst? Oh weh, wie tief sind wir dann gesunken!*

Am 28.11.58 schrieb E einen zweistündigen Deutschaufsatz mit dem Thema »Abend am See«. Er wählte das Thema, um sich der Herausforderung zu stellen, Stimmung mit wenigen Worten konzentriert hervorzubringen, statt sie, wie es Stümper tun, wortstark zu erdrücken. Es sei ihm aber nicht gelungen, er habe, kommentierte E, weder das Tiefste erahnt noch das Höchste erreicht. Das machte ihn traurig und beschämte ihn. Darüber tröstete ihn auch nicht hinweg, dass er ein »sehr gut« für den Aufsatz bekam, von dem es zwei Fassungen in Es erstem Tagebuch gibt.

Abend am See

Er kam gebückt den kleinen Pfad vom See herauf und setzte sich auf einen Stein. Ruhig steckte er sich eine Zigarette an. Der Rauch verfloss träge in der klaren, bewegungslosen Luft, die über dem See lag. Leise wehte der Nebel über das dämmrig schwarze Wasser und kroch in langen Fahnen über die dunklen Wälder an den Berghängen. Dann lösten sie sich in der Nacht auf, die schon die kahlen Berggipfel einhüllte und nun rasch über die Abhänge ins Tal vordrang. Die letzten Vögel verstummten, das durchdringende Gekreisch der Grillen wurde leiser. Der warme Tagwind war eingeschlafen. Mit der Nacht kam der Tau, der sich feucht auf seine Kleider legte. Seine Finger wurden klamm und etwas steif. Er zog die Beine näher an den Körper und drückte die Arme eng an.
Müde blickte er über den See. Der Mond war aufgegangen. Er warf einen kalten, silbrigen Streifen über das nachtschwarze Wasser, der sich in den winzigen Kräusel-

wellen hüpfend und zitternd spiegelte. Der See floss in der Finsternis mit dem Tal und den Bergen zusammen. Die Spitzen der Berge zeichneten sich verschwommen gegen den Nachthimmel ab. Jetzt hörte er keinen Laut mehr. Nur ein paar erleuchtete Fenster blinkten von der anderen Seite durch das Dunkel. Er fröstelte und drückte die Zigarette mit langsamen Bewegungen aus …

[**Notiz. Natur.** Ich habe erlebt: Ökologie, Klimakatastrophe, Mülltrennung, Waldsterben, Ozonloch und die späte Erkenntnis, dass auch Tiere selbstreflexiv agieren können. E nicht. Saurer Regen wäre ihm ein missglücktes Bild gewesen. In seinen Tagebüchern kommt Natur allein als gedichtete vor.

Wann fiel in der Intelligenz die Verachtung, Sport zu machen, die Missachtung des Körpers? Wann wurde »Mens sana in corpore sano« von einer verspotteten Weisheit zu einer Maxime der Eliten veredelt? Wann wurden Bewegung und noch einmal Bewegung und mediterrane Küche, wann wurde nur nicht krank werden und nur nicht sterben zum obersten Gebot? Hätte sich E vom »Trimm dich!« der späten 60er Jahre (noch ohne Walkman, MP3-Player im Ohr, noch ohne Datenarmbanduhr) wie andere Intellektuelle im neuen Jahrtausend zum Halbmarathon, dann Vollmarathon gesteigert? Wir wanderten viel. Mit den 78ern ging es erst später, dann aber heftig, zum Joggen und ins Fitnessstudio. Vorerst saßen sie noch in Wilhelm Reichs Orgon-Box. Wäre E heute fitter als ich? Hätte er sich das Rauchen abgewöhnt? Spielte er Golf – etwa mit Peter, falls der noch lebte? Wanderte er mit Manuel Andracks Büchern? Wie die, heißt es, vielen jungen Menschen heutzutage. Bestätigen kann ich das übrigens nicht mit meinen Beobachtungen. Oft fahre ich, um die These über die Neue Wanderjugend zu überprüfen, mit Bussen und Bahnen zu Ausgangspunkten attraktiver, von Manuel Andrack empfohlener Wanderrouten. Ich sitze dann auf der Bank und tue so, als schnürte ich meine sehr alten und sichtbar sehr gebrauchten Wanderschuhe. Aber die passen mir schon längst nicht mehr. Ich will mich nur genau umsehen auf dem Wanderparkplatz. Ich sehe keine neue Wanderjugend. Die Wanderwilligen sind durchweg so alt wie die, die in Bürgerversammlungen gehen und ins Abo-Konzert Klassischer Musik. Ich habe noch kein »heute-show«-Publikum wandern gesehen. Bestätigen kann ich aber, dass ich mehrmals, wenn ich sowohl auf dem Rorschacherberg wie im Hotzenwald und im Siebengebirge vom Auto bis zur Aussichtsbank gehumpelt bin, von Mountainbikern, neuerdings mit Elektromotor, fast zu Tode gefahren worden wäre. Wie hätte E sich überhaupt entwickelt im Wandel der Zeit? Hätte er sich das Wort »Gott« abgewöhnt? Die entscheidende Frage dabei ist: Bleiben Existentialisten, wenn sie alt werden, Existentialisten?

Einmal war E mit seinen Eltern und seinem Bruder in Urlaub auf der Insel Föhr, weil dort ein Kriegskamerad des Vaters die gute Stube seines Bauernhauses an Feriengäste vermietete. Den Brüdern war es so langweilig, dass sie Krebse fingen und sie lebend in Marmeladengläser pressten, die mit Spiritus gefüllt waren. Sie badeten nicht. Die Kiesel am Strand taten weh. Die Nordsee war ein undurchschaubares Meer und voller Quallen, die bedrohlich werden konnten. Wattwandern fanden sie wegen der Kottürme der Wattwürmer eklig. Außerdem bekam man teerschwarze Füße, die zu reinigen länger dauerte als eine Wattwanderung. Die Muschelvielfalt aufzusammeln, hatten sie nach eineinhalb Tagen durch. Malediven, Kanaren, Balearen – davon hat E nie was gehört. »Outdoor« hätte er mit »Draußen vor der Tür« übersetzt.]

Üblicherweise hatten die Oberschüler in der Vorweihnachtszeit die Tanzstunde zu absolvieren. Der Unterricht wurde erteilt von einem eleganten jüngeren Paar aus der Stadt; in die geschmeidige Frau, die mit einzelnen Schülern Schritte vortanzte, hatten sich alle männlichen Jahrgänge ein wenig verliebt. Die Tanzstunde wurde abgehalten im angebauten Saal des Wirtshauses, in dem sich auch die Bundeskegelbahn befand, weshalb zu Rumba, Cha-Cha-Cha und Wiener Walzer unter den Tanzenden dumpf die Kugeln rollten und die Kegler dröhnten. Am Sonntagnachmittag gab es einen freiwilligen Tanztee im Internat, aus dem fast alle Tanzherren kamen; die Tanzdamen stammten zum Teil aus dem kleinen Gebäude neben dem Internat, das als Mädchenheim bezeichnet wurde; die anderen Damen kamen aus dem Dorf. E verweigerte sich der Tanzstunde wie auch dem Tanztee. Er wusste von seinem Bruder Bescheid über steife Anzüge, über den Drill des Dienermachens und dass man nur ja nicht im Kino oder sonst wo, wenn man sich durch die Reihen drückte, den Herrschaften den Hintern zukehren durfte. Er wusste von der Pein, dass die Herren von ihrer Reihe auf einen Pfiff hin auf die Reihe der Damen an der gegenüberliegenden Wand das Saals zustürzen mussten, um nicht auf dem Mauerblümchen sitzen zu bleiben, das dann zu allem Unglück noch Mittelball-, gar Schlussballdame werden würde. Der Bruder hatte gestöhnt, als er den Gang mit dem großen und dem kleinen Blumenstrauß beschrieb, der anzutreten war, um die Dame zum Mittelball abzuholen, nachdem man der Mutter der Dame den großen Blumenstrauß überreicht hatte, was unbedingt voraussetzte, dass man zuvor den Blumenstrauß aus dem Papier gewickelt und das Papier in der Manteltasche hatte verschwinden lassen. Und dann hatte man die Tanzstundendame, der man den kleinen Strauß überreicht hatte, einzuhaken und mit ihr auf dem Weg zum Mittelball ein Gespräch zu führen, selbstverständlich auf Sie und mit Nennung des Nachnamens des Fräuleins. Ein Gleiches auf dem Heimweg, die Blumensträuße waren durch kleine Aufmerksamkeiten, Nappo, eine Rolle Storck-Karamellen oder gar Katzenzungen, ergänzt worden. Auf dem Schlussball hatte man nur Wein trinken dürfen (Trittenheimer Altärchen). Dann kam es, nachdem die Eltern den Ballsaal, die Schulaula verlassen hatten, beim letzten Abschied zu angedeuteten Umarmungen. Zu

Erektionen im Anzug. Nichts davon wollte E erleben. Außerdem, schrieb er, habe er zwei linke Beine. Er hatte Thomas Manns »Tonio Kröger« gelesen.

[Roth am Sand. Arschgeweih. Zu Zeiten von Es Bruder und E trugen die jungen Frauen, die nicht mehr und noch nicht wieder Mädels genannt wurden, Petticoats; in der Tanzstunde die schamhaften, deren Säume unter dem weiten schwingenden Rock nicht zu sehen waren. Einst war ich mit dem Rad, von der fränkischen Schweiz her kommend, bis nach Roth im Landkreis Roth gelangt. Ich suchte mir ein Zimmer, fand eines, von dem aus ich über die altverwinkelten, aber frisch sehr rot gedeckten Dächer schauen konnte, und setzte mich gut erschöpft und voller Behagen in einen abendlichen Biergarten unter duftenden Linden. Es war Mitte der 90er Jahre. Die junge, schön fränkisch das R rollende Kellnerin gefiel mir. Ich fand es etwas peinlich, dass sie nicht bemerkt hatte, dass der Saum ihres Slips, vor allem wenn sie sich bückte, über dem Gürtel ihrer Jeans deutlich zu sehen war und dass die Träger ihres BHs über die Oberarme gerutscht waren. Ich überlegte, ob ich ihr das sagen sollte. Ich tat es nicht, ich war ja nicht ihr Verlobter, die es aber Mitte der 90er Jahre gar nicht mehr gab. Die Verlobten tauchten erst im neuen Jahrtausend wieder auf wie die pompösen kirchlichen Trauungen Ungläubiger. Ich war auch nicht ihr Vater und wusste nicht, wie ich es diskret sagen sollte. Also sagte ich es nicht. Zu meinem Glück. Nach und nach auf dieser Tour durch Franken merkte ich, dass fast alle jungen Frauen die Hosen so trugen, dass die Säume ihrer Slips zu sehen waren. Bei manchen war nur der nackte Ansatz der Po-Rinne zu sehen, bei anderen eine schwungvolle Tätowierung darüber. Es war chic geworden, die Träger der BHs zu zeigen, die zuvor gründlich unter den Rändern des Hemdchens verborgen worden waren. Der Exhibitionismus war aber nur partiell. War früher gern sichtbar auf einen BH verzichtet worden, waren nun die Brüste einbetoniert.

Am 12.7.2012 sendete der WDR eine Aufzeichnung von einem Gesangswettbewerb am Kölner Tanzbrunnen, 1979. Es fiel mir auf, dass die jungen Leute sich siezten; dass die meisten rauchten; dass die jungen Frauen Jeans und schlabberige T-Shirts trugen, nichts quellen ließen, kein Catwalk, High Heels nirgendwo, keine blond gefärbten Haare. Dass es bei dem Wettbewerb keine Choreographie gab, keine Lichtregie. Keine Treppen, auf die man schwungvoll hinaufzuhüpfen hatte. Das alles kam mir so altertümlich vor wie das Motodrom auf dem Jahrmarkt, wo in einem offenen Kessel die kühnen Steilwandfahrer auf ihren knatternden und stinkenden Kisten sich gegen die Schwerkraft an den Wänden hinaufschraubten. Oder wie die Boxbude, wo sich mutige Schlosser von einem abgehalfterten Profiboxer verprügeln ließen. 1979 und 2012 vereinten jedoch die großen schwarzen Helmut-Kohl-Brillen. Wer weiß: Vielleicht kommen aber die randlosen Sehschlitze wieder zurück. Nie mehr kommen zurück: Monokel, Lorgnette und Hörrohr. Weg ist weg, wie die Plastikscheiben als Schmutzfänger um die Lichtschalter, wie der mit einem Plastikschmetterling auf dem Kaffeekannendeckelkopf gehaltene Tropfenfänger aus Plastik unter der Kaffeekannenschnute. Wie der Anstand, Türen nur an Türklinken anzufassen, einen Stuhl nur mit beiden Händen seitlich zu bewegen, wenn man sich setzt, keineswegs dabei mit der Hand durch den Schritt zu greifen, was Damen, solange sie noch Petticoats oder Kleider trugen, nie getan haben. Der Honigspender hat nahezu unverändert überlebt. Das silberne Messerbänkchen im Nachlass von Fritz J. Raddatz.]

Als E mit Peter auf der Brücke über dem Wassergraben saß, sagte Peter, er vermute, dass E Angst vor Mädchen habe. E verneinte heftig. Gerade weil E sich so aufregte, eine Drehnussi nach der anderen rauchte, lautstark gestikulierte, blieb Peter bei seiner Vermutung. E brauche sich gar nicht so zu wehren, einmal käme er doch mit einem Mädchen zusammen, schließlich sei er ein Junge. Da brauste E auf: Nur weil er ein Junge sei, müsse er ja nicht wie ein Zwangstier den Mädchen nachlaufen. Als Peter prophezeite, dass E einmal heiraten werde, sagte E, das habe er bestimmt nicht vor, und setzte sich auf den anderen Brückenbogen. Nun ging es auf der Brücke hin und her: E werde knallrot, wenn er ein Mädchen sehe, werde er nicht, werde er wohl, also seien ihm Mädchen nicht gleichgültig, schnurzegal seien sie ihm, wenn Peter eine Freundin habe, dann müsse er nicht auch eine Freundin haben. Peters Freundin kam und E wollte sofort weg. Peter höhnte: Er hat Angst vor Mädchen. E ging. Er begegnete der Freundin von Peters Freundin. Die wollte mit ihm spazieren gehen. E lief in zwei Schritten Abstand vor der Freundin der Freundin. Sie schwiegen. Die Freundin sagte: Du bist ein komischer Vogel, grob und mürrisch. E fürchtete, sie wolle sich ihm an den Hals werfen. Er war nicht schön, er war nicht lustig, er war nicht gesprächig und redete viel Blödsinn, log. Die Freundin der Freundin hieß Brigitte, E nannte sie in seinen Dialogen Bri:

Bri (nimmt seine Hand und lächelt): Weil ich dich gern habe …
E (starr, dann begreifend): Bri … ist das wahr?
Bri: Hast du das nie gespürt?
E (faßt sie an den Schultern, jubelnd): Bri … du hast mich gerne! Du … mich!!
Bri: Ja, schon lange.
E: Oh, hätte ich das eher gewußt!
Bri: Aber (sie sieht zu Boden und ihm dann wieder ins Gesicht, leise lächelnd) jetzt weißt du es doch genau?!
(E umarmt sie und küßt sie.)

Aus Es Aufzeichnungen geht nicht hervor, ob er je eine Frau nackt gesehen, ob er je mit einer Frau geschlafen hat. Wenigstens ein bisschen Nacktheit war zu Es Zeiten allenfalls in der »Film-Revue« zu entdecken, die an den Kinokassen aber nicht an Minderjährige verkauft wurde. Aus den Tagebüchern ist aber zu vermuten, dass E in

Berlin bei einer Hure gewesen ist, dass er zur übel beleumundeten Potsdamer Straße gefahren, auf der sich im Niemandsland verlierenden Straße hin und her gelaufen ist, bis er einer Hure, die ihm die »Stirn der Engel« zu tragen schien, gefolgt ist in die Halbruine. Die Hure breitete ein Tuch auf dem Bett aus und legte sich in Unterwäsche darauf, aber E hat, nachdem er bemerkte, dass sich sein Geschlecht verkrochen hatte, die Hose wieder heraufgezogen, den Gürtel festgezurrt und ein Gespräch mit der Hure gesucht. Er hat sich erkundigt, wie die hübsche und offensichtlich auch kluge Hure auf die schiefe Bahn geraten sei. Nachdem er erfahren hat, dass alle verkorksten Männer nicht mit Huren schlafen können, sondern Huren zu Geständnissen nötigen, die allesamt erlogen sind, hat er nicht mehr gewusst, wofür er sich mehr schämen sollte: für sein unmännliches oder sein unehrliches bürgerliches Verhalten? Soweit das Tagebuch. Fatal ist, dass sich nicht entscheiden lässt, ob es sich bei diesen Szenen um einen Bericht oder eine Erfindung handelt.

[**Mannheim.** Hat E, zum Beispiel auf seinen Fahrten nach Wien, den Puff am Düsseldorfer Hauptbahnhof gesehen? Es gab ihn schon damals; heute heißt er »Hinter dem Bahndamm«, »24 Stunden geöffnet, 365 Tage im Jahr«. In mehreren Stockwerken des Nachkriegsbaus stehen in den Fenstern, auf die große, bunte Nummern geklebt sind, Frauen in knapper Unterwäsche, sie füllen den ganzen Fensterrahmen aus. Manche Fenster sind auch zugezogen. Schwer von Männerblicken neigten sich bis vor zehn Jahren die Züge, näherten sie sich dem Hauptbahnhof von Süden, nach rechts; nach links, verließen sie den Hauptbahnhof von Norden her. Heute schaut kein Mann mehr zum Puff hinter dem Bahndamm. Auch aus dem »Spiegel« und »konkret« sind die nackten Frauen verschwunden.

Es war in Mannheim, als sich ein Mann neben mich setzte auf der ICE-Fahrt nach Dortmund. Er grüßte nicht, nahm sofort die Armlehne zwischen uns in Besitz und klappte seinen Laptop auf. Er sah sich Pornos an. Der Mann war gut gekleidet, kratzte sich nicht durch die Hose, roch nach einem mir nicht bekannten Parfüm. Der Mann schaute sich in den knappen drei Stunden zwischen Mannheim und Dortmund so viele Pornos an, dass ich mit Beobachten und Notieren kaum hinterher kam. Ich konnte auch keine gediegene Statistik der Verläufe der sexuellen Aktivitäten aufstellen, weil der Mann nach dem oralen Beginn gleich zu Doggystyle weiterblätterte, um danach sich nur noch den Schluss anzusehen, wenn die Frau den Mund aufriss, um das Sperma des Mannes aufzunehmen. Ende 2014 gab es vier Millionen Internetseiten pornographischen Inhalts, jeden Tag werden es mehr. Die Deutschen sind im Pornokonsum Spitzenreiter. Das nächste Mal, wenn ich im ICE von Mannheim nach Dortmund fahre, werde ich mir »Emma« kaufen und demonstrativ auf den Nebensitz legen.

In der SWR-TV-Serie »Make Love – Liebe machen kann man lernen« hatte am 3.12.2014 zu später Zeit ein nettes, junges Studentenpärchen von einer Sexualtherapeutin zu lernen, sich von der Dominanz des Vonhintens, des »Hengstes und Klempners« zu befreien, die durch Pornos entsteht, von denen die Zwanzig- bis Dreißigjährigen zu 97 % beeinflusst sind: »Sie könnten ja zum Beispiel mal reiten.« Tausende wollen es mit einer Tüte über dem Kopf tun. In London, wo sich die App, mit der man finden kann, wer im Umkreis von 500 Metern mit einem Sex haben will, zuerst durchgesetzt hat, breiten sich die Geschlechtskrankheiten seuchenartig aus. Eine fragt im Netz, was sie machen solle, da ihr Freund gern mit ihr anal verkehren wolle, ihr das aber so weh tue? Anna meint, wenn die Frau gut vorbereitet würde, flutsche es mit viel Gleitcreme richtig tief rein. Jonnie kommentiert, dass die Gleitcreme mit einem, dann zwei, dann drei Fingern eingerieben werden und der After vorsichtig gedehnt werden solle. Alexx69 rät: »Sobald Schmerzen auftreten, sofort Schluss damit.« Unwahrscheinlich, dass E je das Wort Analverkehr gehört hat. Möglicherweise das Wort »Griechische Liebe«. Und wenn, dann hätte er vergebens im zweibändigen Volksbrockhaus des Vaters nachgeschlagen. Nach dem Analverkehr kamen die Blogger auf ein anderes Thema: »Kann mir einer sagen, wie man Lauch wäscht?« 128 Antworten.]

Parathion oder E 605

Eines Tages fand Peter, nachdem er aus dem Duschraum im Keller, wo es nur samstags warmes Wasser gab, vor Kälte zitternd, zu ihrer Bude hinaufgesprungen war, E, der aus dem oberen Stockbett gefallen war und bewusstlos in Erbrochenem und Durchfall lag. Der Präfekt alarmierte die Heimleitung, diese das Rote Kreuz. E wurde in das kleine örtliche Krankenhaus gebracht, die Heiminsassen standen um den Rotkreuzwagen, als E, festgeschnallt auf der Bahre, ins Auto geschoben wurde. Es Hände und Beine zuckten in Krämpfen, er atmete schwer, Schaum trat ihm aus dem Mund. E blieb bewusstlos. Zum Verdacht auf Gehirnerschütterung kam der Symptome wegen ein Verdacht auf Vergiftung. Nicht wahrscheinlich, sagte der Arzt des Katholischen Krankenhauses, dass E nur wie der Jüngling mit Namen Eutychus im Schlaf vom Söller gestürzt sei, den Paulus wieder erweckt hatte. Der Arzt pumpte E den Magen aus und fand eine gehörige Portion E 605, aber nicht gehörig genug, um E das Leben zu nehmen. E bekam eine Menge Atropin als Gegengift. Ein Selbstmordversuch. E wurde in die Psychiatrie der Stadt zwangseingewiesen, wo er gestand, dass er aus der Dose mit dem Sprühpulver E 605, welche die Mutter auf dem Balkon, wo sie Rosen zog, verwahrte, einige Löffel genommen und immer mit sich geführt, dann tatsächlich auch geschluckt hatte, nachdem ihm klar geworden sei, dass er sein Leben vertan hatte. Er hatte Abitur machen und dann in einem billig zu kaufenden vw-Käfer durch Europa gondeln wollen. Und dann Schauspieler werden. Nun war alles zu spät; er hatte fast drei Jahre seines Lebens vergeudet, kein Abitur.

Vom Chefarzt der städtischen Psychiatrie erfuhren die Eltern nicht viel. Der Vater verstand den Sohn nicht. Er wusste keine Erklärung für Es Tat. Die Mutter äußerte sich nicht. Der Vater versuchte, sich über die Pubertät und besonders die von Jungen zu informieren. Im zweibändigen Volksbrockhaus fand er nichts. In Buchhandlungen gab es keine Ratgeber. Eine Dame der Stadtbücherei wagte er nicht zu fragen. Der psychiatrische Chefarzt riet ihm, zu einem Pfarrer zu gehen. Der Vater kannte keinen Pfarrer in der Stadt. Die Mutter buk Kalten Hund, Es Lieblingskuchen. Der Bruder besuchte E jeden zweiten Tag, sie redeten über Vergangenheit und Zukunft, soweit E und der Bruder das konnten, soweit E, der lieber schrieb als redete, das zuließ. Der Bruder wurde der Botschafter für Es Wunsch, Schauspieler zu werden. Der Vater lehnte barsch ab; das sei kein Beruf, der einen Mann, gar eine Familie ernähre. Die Mutter äußerte sich nicht dazu. Nach den vier Wochen Zwangsaufenthalt in der Psychiatrie, bei dem E Elektroschocks erspart blieben, beschloss der Vater, nachdem er sich mit Es Bruder beraten hatte, dass E Schauspieler werden dürfe, sofern er die Prüfung an einer Schauspielschule bestehe, auf die er sich vorbereiten solle bei seinem alten Kriegskameraden Balsereit, mit dem er über das Honorar verhandeln könne. Aber das Honorar müsse E selbst zahlen, das müsse er sich erarbeiten. Wenn er dann tatsächlich eine Prüfung bestehe, werde der Vater sein Mögliches tun, um E bei der Ausbildung zu unterstützen. Während der Vater sprach, schaute E auf die Kreuznarbe im Nacken des Vaters, die ihm nach einem Granatsplittertreffer in einer Notoperation im Donezbecken beigefügt worden war. Der Vater ahnte, dass Es Tat und Seele nicht mit einem Reiß-dich-zusammen oder Arschbackenzusammenkneifen zu kurieren war, was ihm durch den Krieg geholfen hatte, wenigstens ab und zu und im Prinzip.

Balsereit, der wegen seines im Krieg verlorenen Beines nicht mehr auf der Bühne auftrat, sondern sich ganz auf Sprechunterricht verlegt hatte, trug auch eine Kreuznarbe im Nacken. Er verlangte zwei Mark für die Stunde, einschließlich des Wassers, das man beim Sprechunterricht brauche. E mochte Balsereit vor allem, weil er ihm viel erzählte von den großen Mimen seiner Zeit, die auch Es große Mimen wurden.

Glaswolle, Paketmühle, Gummistiefel, Kellnern

E verdiente sich in einer Fabrik, in der er Glaswolle verräumen musste, 1,05 Mark in der Stunde. Die Mutter hatte ihm eine Jeans gekauft, aber keine teure amerikanische, eine bundesrepublikanische, labbrig und so weich, dass die Fasern der Glaswolle durch die Hose drangen und nicht mehr auszuwaschen waren. Jeder Morgen begann mit Kratzen und Piksen, was E dazu trieb, zur Bahnpost zu wechseln, für 1,10 Mark, steuerfrei als Schüler, als der er galt; dafür keine Schichtzulagen. Er hatte in der Paketmühle die vom Vorarbeiter über den Blechtisch geschleuderten Pakete in gelbe Gitterwagen zu verteilen. Nachts wurden die Paketwagen zu den Postzügen geschoben, die nur Post transportierten. Zwischen den Zügen schliefen sie auf den Stapeln streng riechender Postsäcke, oder der Vorarbeiter riss, wie E fand, dreckige Witze. Der Nachtdienst war gemächlicher; denn tagsüber waren die Paketwagen an der Spitze und am Ende der dampfenden Eil- und D-Züge zu bestücken. Das musste Stich auf Stich gehen. Die Bahnsteigbeamten mit den roten Mützen schrien zur Eile und hatten immer die Trillerpfeife im Mund. Oft warfen sie die letzten Pakete noch in den schon anfahrenden Zug. Fiel E ein Postsack ins Gleis, musste er einen ausgeben.

Der Schichtleiter, der sich sorgte um den hoch aufgeschossenen E, empfahl ihm die Arbeit in frischer Luft statt in der Paketmühle. Er wusste einen Bauern, der ein Freund seines Cousins auf dem Lande war. Als E in Borken angekommen war, sein Rad aus dem Gepäckwagen der Baumbergebahn gehoben und seinen Koffer auf den Gepäckträger geklemmt hatte, fasste ihn der Wind. E fuhr über den Nordring und dann aus Borken hinaus. Der Gepäckschein, den er nicht vom Lenker gerissen hatte, flatterte; sein Fuchshaar wehte ihm voran. Eichen, so viele Eichen, schräg im Wind, verstrubbelt, in Gruppen, die für einen Wald zu klein waren. Anfangs Nebeldunst, Es Augenbrauen und Wimpern waren beschlagen, Nebelweben um die Lippen. Die Eschen standen wie lange graue Kerls in Reih und Glied einen Bach entlang. E fuhr nur im großen Gang, verfuhr sich zweimal, Wegweiser waren selten. Die Bahnübergänge waren unbeschrankt, nur durch das Schild LP gesichert. Aber einmal fand E ein besetztes Bahnwärterhaus, da fragte er und kam weiter. Holla, rief er, wenn er um Schlaglöcher im alten Asphalt kurven musste, und tanzte dabei. Er hätte immer so fahren mögen, die starke Hand des Winds im Rücken. Kopfweiden standen steif zusammen und tuschelten. Der Nebel riss auf, hinter den Eichen Himmel, und im Bach, in den Wiesenpfützen spiegelten sich Busch und Gras. Das Korn stand hoch, ein Sturm hatte Schneisen und Betten hineingeschlagen. [Damals kein einziges Drüsiges oder Indisches Springkraut, noch kein

Mais.] E roch das Korn, die Wiesen, Schweinemist, die rotbraunen Kühe, die vor dem Gatter im Matsch standen und ihre Hörner zusammensteckten und E die verdreckten Hinterteile zustreckten. Das Wachsgrün der Eichen, das fette Gras, das Brachwasser, die fernen Eschen, die Landschaft war die Variation der immer gleichen Staffelei von Grüntönen und Brauntönen, darüber mal Blau, mal Blauweiß, mal Grau oder nichts, nur manchmal ein rotes Dach, gesäumt von kunstvoll beschnittenen Hecken, einmal ein Backsteinkirchturm mit einem vom Storch weiß beschissenen Dach, das überragt wurde von dem lichten Gerippe der Überlandleitung [keine Windräder]. Im Fahren arrangierte sich die Landschaft immer neu mit den Fluchten der Chausseen, an denen die rotbraunen Bauernhöfe standen, rauschende Eichenbaldachine über sich. Einmal überholte E einen Spänchenmacher, der auf seiner ratternden und stinkenden Holzhackermaschine saß und zu denen fuhr, die keine Kreissäge in der Scheune hatten. Manchmal wurde er überholt von einem Mercedes-Diesel, in dem ein Bauer saß, ohne Anhänger oder mit Anhänger, auf dem eine Sau stand oder eine Betonmischmaschine. E näherte sich dem Ziel, er rief aus Erwartung und Angst Willkommen in den Wind in allen Sprachen, die ihm einfielen. Da flog eine Schar Gänse, die er nicht bemerkt hatte, aus einer Wiese auf, schnatterte und rauschte im Bogen über die Bäume.

Ein Feldweg führte über einen unbeschrankten Bahnübergang und zwischen einem Gerstenfeld und einem halb umgesunkenen Weidezaun zum Hof. E wackelte auf der Grasnarbe, wich mal links, mal rechts aus auf die Sandspuren, die aber voller Pfützen waren, sodass er wieder auf die Grasnarbe lenkte. Er fürchtete, sein Koffer könnte sich lösen bei der Hoppelei und hielt ihn mit der hinter sich gestreckten Hand fest. Das Wohnhaus war aus neuem, hellem Backstein, hohe weiße Sprossenfenster, dunkler Efeu dort, wo der Giebelvorbau Nischen bildete. Eine Wetterfahne mit einer Jahreszahl. [Keine Antenne, Kabelfernsehen sowieso noch nicht. Keine massig gedrungenen Mobilfunkantennen im Rudel wie misslungene Drei- und Fünfzacke auf dem Dach.] Zu Seiten der wuchtigen braunen Tür ohne Fenster massige Blumenkübel, Buchs und Rosen. Der Bauer hieß Verweyen, Joos; E erkannte seine Stimme vom Telefon. Die bunten Töpferwaren der Bauersfrau zierten Tische und Schränke. Ein Mädchen und ein Junge stierten E stumm an. Ein fester Händedruck, richtiger Bohnenkaffee, Stutenbrot mit Butter.

Der Bauer zeigte E den Hof, der nur vor dem Wohnhaus gepflastert war, den Geräteschuppen mit eingesunkenem Dach, vor dem ein Trecker stand, den Pferdestall, aus dessen halber grüner Tür eine zottelige Haflinger-Blesse Kopf und Hals streckte und dem Bauern und E, der seinen Koffer trug und sein Rad schob, nachschaute. Der Kuhstall war leer und roch nach feuchter Wiese. Die Ställe waren aus altem Backstein, dunkel und fleckig, entlang den Dachrinnen, aus denen allerlei Kraut wuchs, Moos lappte, zogen sich schimmelweiße Streifen. Manche Dachrinne war abgebrochen. Doch alle Türen frisch grün gestrichen, darinnen die weiß gefassten Fenster, Bullaugen oder viereckige Luken. Es Zimmer war im Stock über dem Schweinestall. Frische Landluft für unseren Studenten, spöttelte Verweyen. E stand auf der Außentreppe vor seinem Fenster, drehte ein Zigarettenpapier durch die blecherne Maschine, leckte den Papierrand nach, rauchte und blickte über die Wiesen, die Hecken und Büsche zum roten Geviert des fernen Nachbarhofes unter Eichen. Im Zimmer stand ein zu breites und zu kurzes Holzkastenbett, eine schwere dunkelbraune Kommode mit drei Schubladen, die zu ziehen und zu drücken Kraft brauchte, darauf eine getöpferte Schüssel mit einem getöpferten Wasserkrug. E verteilte seine Siebensachen aus dem Koffer. Da stand der Junge auf der halben Treppe und starrte hinauf zu E. Ein heller Schopf, blaue Augen, den Finger in der Nase. Er hieß Hermann-Josef, sie freundeten sich sofort an. E wusch sich unter dem Ziehbrunnen. Lag in dem viel zu kurzen Kastenbett, über dessen Einfassung er seine Füße gehängt hatte, las, als es dunkelte, unter der nackten Birne Schiller, »Die Räuber«, Franz Moor laut deklamierend. Unten grunzten sich die Schweine in den Schlaf.

Die Tage in Gummistiefeln und Matsch, mit starken Gerüchen von Mist und Weide, begannen, wenn Hermann-

Josef ihm den in Schmalz und heißem Wasser aufgeweichten Weißbrotbrei zum Schweinestall brachte, zur Treppe, an der er unten stehen blieb und E den Hafen reichte, bevor er zur Schule fuhr auf einem ziemlich verrosteten Rad, dessen Schutzbleche E so zurechtgebogen hatte, dass sie nicht an den Reifen scheuerten. Bei üblem Wetter lief Hermann-Josef zu Fuß, in einen zu großen grauschwarzen Kleppermantel gehüllt, der nach Gummi stank. [Kein Schulbus, keine kutschierenden Mütter.]

Der Bauer war dann bei trockenem Wetter schon im Gras, das geschnitten werden musste, ehe der Tau getrocknet war. Die Bauersfrau in langer Schürze und mit einem Kopftuch molk die Kühe, denen E Gras und Kraftfutter aufzuschütten hatte. Die Kühe sahen ihm nach mit ihren großen, runden Glotzaugen unter blassen Wimpern und hörten erst auf zu brüllen, wenn sie ihre an Ketten rasselnden Köpfe im Gitter zu den Trögen senkten, wobei sie so schnauften, dass das Gras aufwirbelte. Den Pferden hängte E den Hafersack um und striegelte sie. Mittlerweile hatte die Bauersfrau das richtige Frühstück auf den mit einem gelb und rot geblümten Wachstuch, das an den Tischkanten mit Stahlklammern gehalten wurde, gedeckten Küchentisch gestellt: Stuten, Pumpernickel, Schmalz, Rübenkraut, Blut- und Leberwurst oder auch in Schmalz gebackenen Münsterländer Panhas. Dazu gab es mit Zichorie versetzten Muckefuck aus der Blechkanne. Die Wegwartewurzeln hatte die Bauersfrau ausgegraben, gereinigt, getrocknet und in einer alten Bahlsen-Blechdose verwahrt, die auf dem Herdsims stand zwischen getöpferten Krügen. Der Bauer bestieg wieder seinen Trecker. E ließ die Kühe aus dem Stall. Es waren zwanzig, und sie wussten den langen Weg zur Weide und fügten den angetrockneten Fladen platschend frische hinzu. Die eine oder andere Kuh wich zur Seite, blieb stehen, bummelte. E schlug nicht zu mit dem Holzprengel, wie es ihm Verweyen geraten hatte, er schubste die Kuh ein wenig, sie begriff, machte einen kleinen Satz und lief, schwanzwischend, den anderen nach. Die Beine der Kühe waren bis über die Knie schwarz von Schiss und Weidematsch. Die zwei Pferde führte E am Halfter auf die Weide. Es waren schwere Pferde, die hellen, lockigen Mähnen fettig und verfilzt. E hatte Angst vor den Pferden, so gaulgemütlich sie auch aussahen. Besonders die Blesse schlug unvermittelt mit dem Kopf, um E das Halfter zu entreißen, rollte ihre Augen zu E, dass das Weiße heraustrat, peitschte mit dem Schwanz, der fast den Boden streifte, und traf ihn ins Gesicht, sie brunzte E die Gummistiefel voll. Nur nicht hinter ihnen stehen oder gehen, hatte der Bauer geraten. Aber sie rochen so gut, besser als die Schweine, die Kühe, besser als der Hund Wiedu, der das Wohnhaus nicht betreten durfte, sich auf den Weiden wälzte und durch Tümpel patschte. Es war Hermann-Josefs Hund, und als E ihn fragte, wie der Hund heiße, lachte Hermann-Josef: Wiedu. Wenn der Bauer das

Gras wendete, zu Reihen kreiselte, hatte E hinter dem Trecker herzugehen und mit der Heugabel die Reihen zu begradigen. E merkte, wie wenig Kraft er hatte, wenn er den wackligen Zaunpfahl hielt, den Verweyen mit einem gewaltigen Holzhammer fester in die Erde schlug. E war die von einem silberblechernen Schuppenarmband gehaltene Uhr mehrmals vom Arm geflogen, er trug sie nur noch nach Feierabend.

[**Notiz. Zeit.** Viele öffentliche Uhren sind weg. Noch immer drehe ich mich um nach längst abgebauten Uhren. An der Sparkasse, an Haltestellen, an Litfaßsäulen, auf dem Kaufhaus. Und sind sie nicht abgebaut, haben sie keine Zeiger mehr oder stehen immer auf 9 oder 21 Uhr. Manche Uhrmacher haben noch beleuchtbare Uhren über ihren Schaufenstern. Man braucht die öffentlichen Uhren nicht mehr. Man hat sein Smartphone. Auf den Bahnsteigen kleiner Bahnhöfe sind die großen Uhren, bei denen das Hüpfen des roten Sekundenzeigers zu verfolgen war, dessen Stillstand auf der 12-Uhr-Marke einen kleinen Herzstillstand simulierte, ersetzt worden durch Laufbanduhren. Die Laufbanduhr löst die Zeit in Sekunden auf. Die alten Bahnhofsuhren, die nun oft mit einem schwarzen Klebeband durchgeixt sind, zeigten Zeit als Raum, in dem man sich visuell bewegen, den Verlauf von zwölf Stunden abmessen konnte auf dem Ziffernblatt. Als ich ein Kind war, war ich scharf auf einen Wecker eines älteren Bekannten. Er sagte mir, dass ich ihn bekäme, wenn ich zehn Jahre alt sei. Er zeigte mir auf dem Wecker, wo mein Jahreszeiger jetzt stand und wann er auf zehn stehen würde. Zehn Jahre, sagte ich, das ist ja St. Nimmerlein. Ich wollte den Wecker nicht mehr haben. Es gibt einen gegensätzlichen Trend: Im neuen Sauerlandexpress sah ich, dass auf dem Bildschirm Abfahrt und Ankunft, die Distanz zwischen Stationen wieder an Zeigern ablesbar sind und an der Bewegung des Zuges zwischen den Stationen. Digitale Simulationen räumlicher Zeit. Nur Nachhilfe für lernschwache Sauerländer? Alle die Zeit messenden und sie uns mitteilenden Geräte werden wir, behauptet ein Zukunftsforscher, ganz sicher nicht mehr brauchen, weil die Zeitverläufe in unsere Hirne programmiert sein werden. Vielleicht unsere Terminkalender, Rhythmen. Doch so einfach wird das wohl nicht werden mit der Zeit, weil sie auch uneinstellbare Erfahrung ist: »Jeder Mensch macht die Erfahrung der Migration durch die Zeit. Wer heute achtzig ist, lebt nicht mehr in der gleichen Welt, in der er als Kind lebte, auch wenn er sich nie aus seiner Heimatstadt fortbewegt hat.« (Mohsin Hamid)]

Ein Kirchturm, von dem eine Glocke zu hören gewesen wäre, war zu weit weg. Alle wussten sowieso, wann 12 Uhr, Mittag, war. Dann wurde alles fallen gelassen, unterbrochen, um rasch ins Haupthaus zu kommen. Ein Teller heißer Milchsuppe mit Weißbrotbrocken, Zucker darüber, Durcheinander von Möhren und Kartoffeln oder von Kartoffeln und Salat, übergossen mit ausgelassenem Speck. Auch Fitzebohnen, Erbsensuppe. Sonntags aber kein Durcheinander, sondern aus eingemachtem Fleisch gekochte Rindersuppe, ein eingemachter

Braten mit Kartoffeln aus der Schütte, von denen, da sie vom vergangenen Herbst stammten, die grün-weißen Triebe gerupft waren. Und zu jedem Mittagessen aus dem Weckglas eingemachte Pflaumen, Kirschen, Stachelbeeren, die E am liebsten, schwarze Johannisbeeren, die E am wenigsten mochte. E aß sein Essen an einem Nebentisch in der Küchendiele, Buche, blank weiß gescheuert, die Teller waren in das Holz gegrabene Vertiefungen. Es war ein alter Tisch, Holzwurmlöcher in den Beinen; auf dem Wachstuch des Eichentischs, an dem die Familie aß, stand sonntags das von der Bauersfrau getöpferte irdene Geschirr und jeder in der Familie hatte seinen Teller, seinen Becher, bunt verziert mal mit Blumen, mal mit Tieren, mal mit Haus und Hof samt Kirche. Auch der Hafen Wiedus vor der Tür war getöpfert.

Aus dem Mittagsschlaf über dem Schweinestall weckten ihn Hermann-Josef und sein Wiedu, die ihn begleiteten, wenn das Ärgste begann: das Ausmisten der Ställe. Am leichtesten ging es im Pferdestall. Vor die Ställe waren Bohlen gelegt, über die E die Schubkarre schieben musste, wuchten, wenn sie voll beladen war. Die Schweine standen derweil im steinernen Vorbau auf dem Betonboden und grunzten sich an, rempelten gern. Es dauerte Tage, bis E keine beladene Karre mehr umkippte, bis er nicht mehr von der Bohle stürzte, bis er mit einem Schwung mit der Karre über die Bohlenschwelle kam. Nur mit Anlauf waren die steilen Bohlen auf den

Misthaufen hinaufzuschaffen. Hermann-Josef trieb ihn an, Wiedu bellte dazu. Zwar wuchsen E Muskeln, aber der Rücken schmerzte den ganzen Tag über vom Schuften und die ganze Nacht vom Bett. Zur Erntezeit musste E mit Verweyen aufs Feld, die Pferde peitschen, damit sie schneller den Mähbinder zogen, auf dem der Bauer in einem roten Blechsitz saß. Das taten sie aber nicht. Da half kein Peitschen; und E schlug dann auch nicht mehr fest auf ihre Rücken und Bäuche. Der Bauer sagte kaum mal etwas, und wenn, verstand es E nicht, was dem Bauern auch egal war. Und wenn E nicht die Pferde antreiben musste, lief er die Reihen mit den Korngarben entlang und wuchtete sie zu schräg stehenden Hocken auf. Trotz der Stiefel, die der Bauer ihm gegeben hatte, waren die Waden von den Strohstoppeln zerstupft. Musste E ausruhen, legte er sich an den weichen Feldrain und sah in den hohen Himmel und versuchte, die Lerchen zu entdecken und zu zählen. Einmal zählte er zwölf.

Am Abend gab es Aufgewärmtes vom Mittag. Die Kühe waren in den Stall zu locken, wobei Verweyen in rascher Folge sehr hoch rief, fast piepste, als lockte er Küken, was komisch wirkte bei diesem großen, schweren, ruhigen Mann, der einen Hut trug, dessen Schweißband er oft mit einem roten Sacktuch trocken rieb. Aber genau so muss man die tief muhenden Kühe locken, sagte Verweyen. Die Pferde waren heimzuführen. Dann war Feierabend. Dann die Gummistiefel abgespritzt, ausgezogen, die Holzschuhe an, die zum Haus gehörten, dann kam Hermann-Josef und sie machten zusammen Hausaufgaben, während Wiedu unten vor der Treppe saß und selten heulte; Rechnen, Schreiben, der Junge verstand schnell. Tafel, Griffel und Schwamm waren abgeschafft worden, Hermann-Josef hielt den Kopf schräg, zwängte die Zunge zwischen die Lippen und schrieb mit einem kantigen Bleistift ins Heft. Danach erzählte E dem Jungen, der ihn mit offenem Mund anstaunte, Geschichten, zu denen er sich »Die Räuber«, den »Faust«, »Lumpazivagabundus« zurechtschnitt, Hauptmanns Dramen waren nicht jugendfrei, aber »Weh dem, der lügt!« ließ sich erzählen und »Der Widerspenstigen Zähmung«, aus dem »Wallenstein« raubte er nur die Schlachten in Mauerschau. Hermann-Josef schlief dabei ein. E trug ihn ins Haupthaus und bekam von der Bäuerin einen Apfel, von Verweyen einen Schnaps aus dem Zinnlöffel.

Bis die Sonne untergegangen war, stand E auf der Blechplatte der Treppe vor seiner Tür, die er seinen Söller nannte, schaute dem Dunkeln zu, dem Abendfarbenhimmel, durch den große Schwärme von Jungkrähen flogen, sich teilten, sich wieder zusammenballten, in Baumwipfeln niederflatterten und unvermittelt wieder aufstoben. E verstand das Tun der Krähen nicht, verstand wohl, dass die viel zu vielen Krähen sich um die wenigen Sitzplätze auf den Leitungen über den Dächern zankten, und bewunderte, mit welch akkuraten Abständen sie sich niederließen, die Flügel einsammelten. In all das Geschrei mischte E seine Stimmübungen, wie sie ihm Balsereit beigebracht hatte und wie sie in der Broschüre »Übungen für Schauspielschüler« standen. Irgendwann waren die Krähen verschwunden. E rauchte, bis die Sonne hinter einer Chaussee verglüht war und aus den Wiesen die kalte Feuchtigkeit stieg. Die Schweine grunzten selbst im Schlaf, E las unter der nackten Birne, lockerte, auf der Bettkante sitzend, Fingerknöchel und Halswirbel, den Kiefer, die Lippen, die Backen, tanzte mit den Augenbrauen.

[**Notiz.** E lebte in einer Zeit vor der Musik; an Schallplatten kaufte er sich nur Sprechschallplatten; später hörte er manchmal nachts Radio, meist AFN. In Konzerte ging er nicht, des Geldes wegen, und es gab ja nichts außer Klassik. E lebte in einer Zeit vor dem vielen Licht. Auf den Dörfern leuchteten keine Laternen, in der Stadt düstere Gaslaternen, die der Gaslaternenmann anzündete, indem er eine Leiter an die Laterne stellte und hinaufstieg, um einen Hebel zu ziehen. Die Milchstraße war, war es nicht bedeckt, von überall zu sehen. Ihm war eingebläut worden, immer das Licht zu löschen, wenn er ein Zimmer verließ, und nie zwei Lampen auf einmal im Zimmer leuchten zu lassen. E lebte in einer Zeit vor den Bildern; nur Filme sah er oft; die Zeitungen waren bildarm. E besaß keinen Fotoapparat, keinen Fernseher. In Es Nachlass fand sich ein kleines Magnetophonband BASF, auf dem nichts zu hören ist als sein Einsprechen von »Ach neige, du Schmerzensreiche« aus Goethes »Faust«. Es brauchte viele Versuche, bis ich das Band in einem freundlichen Technikmuseum abhören konnte. Es Stimme zu hören, kam mir vor wie eine Störung der Totenruhe.]

Sonntags hatte er nicht frei. Doch die Arbeiten auf Feld und Wiese entfielen. Bei nassem Wetter blieben sonntags die Kühe und die Pferde im Stall. E hatte mehr Zeit zum Lesen. Hermann-Josef konnte sich sonntags nicht bei E blicken lassen. Vor dem Mittagessen Kirche, nach dem Mittagessen setzte sich die Familie im feinen Staat in den Mercedes. Sonntags wurden die Eltern besucht, die Geschwister, die Cousinen und Vettern, von denen es auf den Höfen in der Nähe und in der Ferne viele gab, auch in den Dörfern, der Stadt. Oder es kam Besuch in einem Mercedes. Nur ein Vetter aus der Stadt fuhr einen Opel. Dann wurde von irdenen Tellern Stuten mit Rosinen gegessen, Obstkuchen vom Eingemachten, dazu gab es Bohnenkaffee. Wenn E alleine war auf dem Hof, höchstens Wiedu unten an der Treppe stand, schrieb E Gedichte und Erzählungen in sein Tagebuch. Als Es Zeit zu Ende war, zahlte ihm der Bauer fünfzig Pfennige pro Stunde, das war ausgemacht bei freier Kost und Logis, fünf Mark pro Tag, und er legte ein ordentliches Stück geräuchten Schinken dazu, die Bäuerin schenkte ihm einen getöpferten Becher. Hermann-Josef wollte ihn nicht gehen lassen; er klammerte sich an den

Gepäckträger des Rades von E. Hermann-Josef schrie, dass er bald wiederkommen solle, dass er ihn nie vergesse. Wieich, antwortete E. Als sie zu Hause den Schinken anschnitten, lag da in einer Blase weiß und gekrümmt ein Engerling, vermutete Es Bruder. Trichine, rief seine Mutter, weg damit, das ganze Ding sofort weg.

Aus Es Tagebuch:

7-X-59

Eine Orgie

Er sass vor dem Klavier und spielte, klein, schmächtig, mit schmalen Händen und grossen Augen im durchsichtigen Gesicht. Er spielte, und seine Zuhörer hörten zu und schauten verloren, mit leeren Gesichtern in die Luft. Die Melodie war warm und schmeichelnd. Sie kroch ihnen unter die Pullover und wärmte sie, baute sie auf. Es war ein süsses Gefühl, die schmelzende Melodie über die Haut streichen zu fühlen. Sie saugte das Herz zusammen und dehnte es unendlich aus. Sie schauten leise, wenn die Melodie drängender wurde, schmelzender und saugender. Wenn sich die Töne klagend und schluchzend übersteigerten, den Zuhörer aushöhlten, die Herzen zum Zerreissen spannten, in schwindelnder Höhe, drängend und pressend, fordernd, erzitternd, ersterbend, schreiend, begeh-

render. Die Zuhörer fieberten, der Spieler spielte mit brennenden Augen auf die Tasten schauend. In den Augen der Zuhörer glomm ein Funke auf, heimtückisch, lauernd, gefährlich. Er fasste das Mädchen an den Schultern und presste es an sich. Sie liess es, betäubt von der Melodie, zu. Sie schmiegte sich an den Jungen, nahm seine heisse Hand in die ihre. Sie zuckte. Der Junge spürte die Schauer, die den zarten Mädchenkörper schüttelten. Er spürte das Fieber, die schüttelnde, drängende, ängstliche, zagende Leidenschaft. Er fasste das Mädchen an der Hüfte, riss sie herum und starrte sie an. Wie im Traum, mit flackernden Augen. Das Lied war lauter geworden, hämmernder, fordernder, packender. Die Melodie trieb und jagte sie, nahm ihnen den letzten Verstand. Sie schwemmte ihn weg, lullte ihn ein. Er umarmte das Mädchen, das sich willig darbot. Ihr Gesicht war heiss und gespannt, verzerrt, ihre Augen gierig, begehrend, verlangend. Er spürte ihre festen Brüste, die weich und stramm waren. Sein Blut kochte. Er dachte nicht mehr. Er spürte nur noch, fühlte, tastete, roch. Sein Mund öffnete sich und verzog sich ein wenig nach unten. Sie sah ihn bittend, flehend an. Sie fasste ihm in die Haare, bog den Kopf zurück, ganz zurück. Er sah den schlanken, feinen, weissen Hals, den biegsamen, schmiegsamen, gertenhaften Körper, die strammen, leicht zitternden, runden Brüste. Sie liess sich biegen, gab jeden Willen auf, lag, zitternd, schauernd, erwartend, bereitwillig, sehnsüchtig wartend in seinem Arm. Er riss sie zurück in seine Umarmung, umklam-

merte sie, versuchte jede Stelle ihres Körpers zu fühlen, zu spüren. Sie sah ihn an, heiss, verlangend, willig, bereit. Seine Hand fuhr über ihren Körper, über den Busen. ›Bitte‹, stöhnte sie heiser. ›Ja, Barbara‹, sagte er und trug sie auf den Diwan.

Die Musik brach ab. Der Spieler sah den beiden zu. Er war traurig, denn er war allein.

(Ohne Titel)

Es war auf dem Rummelplatz. Sie standen dicht gedrängt auf der Raupe. Sie stampften mit den eisenbeschlagenen Absätzen den Takt zu der dröhnenden, schreienden Musik. Die Hände in den Taschen, die Kragen hochgeschlagen. Manche hatten Lederjacken und manche Schlägerpullover. Alle hatten blue jeans an, eng und unten umgekrempelt. Sie rauchten und hatten die Zigaretten in den Mundwinkeln hängen. So standen sie da und trommelten mit den Füßen auf den Brettern und pfiffen die Schlager mit und schrien und lachten sich an. Der Lautsprecher brüllte und manchmal schrie der Kassierer billige Witze durch das Mikrophon. Die Wagen rasten herum und die Kassierer sprangen sehr gewandt auf und ab. Die Lichter gingen aus und an. Sie waren rot, grün und blau und gelb. Und manchmal gingen sie ganz aus, dann kreischten die Mädchen und die Jungen johlten und stampften noch mehr.

[De Nijmeegse Oktoberfeesten. Ich hatte den Bauernhof, auf dem E gearbeitet hatte, gefunden in der Nähe des Niederrheins. Unglücklicherweise Anfang Oktober. In Grevenbroich findet auf dem Zuckerfabrikgelände das größte Senioren-Oktoberfest außerhalb Münchens statt. Duisburg war auch schon an Bayern gefallen. Ebenso Oktoberfeste in Bedburg-Hau, Emmerich, Eventhalle Oedt, Kalkar, Kempen, Kerken-Nieukerk (mit Ferkelrennen), Kleve, Straelen (auf der Festwiese), Xanten (auf der Südsee-Wiesn), Bocholt (Schützenverein St. Bernhard). Und so stiegen die manchmal Plattdeutsch sprechenden Dirndl und Lederhosen in die Nordwestbahn zwischen Düsseldorf und Kleve und zwischen Duisburg und Xanten und in die Busse des Regionalverkehrs Niederrhein – und torkelten und fielen, die betrunkenen Lederhosen, Breznkrümel in den Mundwinkeln, Senf im Haar, die Lätze der Lederhosen verschifft, Lippenrot am Hals, betrunken aus den Bussen des Regionalverkehrs, etwa an den Haltestellen Goch und Uedem, Hamminkeln und Hünxe, besonders in Issum und Moers, sie strauchelten, konnten nicht mehr gehalten werden von den Dirndln, weshalb in den Waggons der Nordwestbahn und des RE 5 die Lederhosen von den Dirndln festgezurrt wurden mit den Haltegurten für Fahrräder, in den sie vornüber hingen und kotzten oder schnarchten, gehalten von den müden Dirndln mit verrutschtem, gepressten Busen. Eine Maß ist eben kein Pilsglas. Die Gaudi ist grenzenlos: Die Nijmeeger haben nur ihr eigenes De Nijmeegse Oktoberfeesten auf dem Grote Markt – Mooi hè?]

Die Verlorenen

Vom Geld, das er mit seinen Aushilfsarbeitsstellen verdient hatte, zweigte er sich einen kleinen Batzen ab und kaufte sich eine gebrauchte DKW Reichstyp 175, die nicht mehr produziert wurde. Das Anlassen zu lernen brauchte Tage. Die Maschine war schön schwarz, der Tank glänzend, der Motor matt hell. Am besten gefiel E das grüne DKW-Dreieck mit den vier Autounionringen. Er wienerte es nach jeder Fahrt. E fuhr die Strecke nach, die er zum Hof von Verweyen mit dem Zug, dem Rad gefahren war, und als er einige Runden zwischen den Gebäuden des Hofes gedreht hatte, kam schon der Blondschopf Hermann-Josef, rief, winkte und kletterte auf den Rücksitz und ritt auf ihm herum. Die Bäuerin verbot, dass E den bettelnden Hermann-Josef auf dem Motorrad mitnahm. Was habe man nach dem Krieg, als es weder VW noch Mercedes gab, Verwandte, Bekannte verloren durch Motorradunfälle, gerade in diesem Land der Baumalleen. Sie tranken Kathreiner Malzkaffee, aßen Rosinenstuten. Vor der Dunkelheit fuhr E wieder heim. Er mochte es, wenn seine langen Haare im Fahrtwind nach hinten flatterten. Als es zu regnen begann, zog er seine lederne Motorradkappe an, deren lange, schmalen Seitenlappen ihm an die Backen schlugen [keine Helmpflicht]. Der Bruder wollte nicht mit E Motorrad fahren; er war ein Vespa-Fan. Dann nahm Peter

Platz auf dem nach hinten ansteigenden Soziussitz aus genopptem Kautschuk, eine Lederschlaufe davor zum Festhalten. Und los ging's, nachdem E das Motorrad beim zweiten Versuch hatte starten können. Über das rutschige gewölbte Kopfsteinpflaster fuhr E vorsichtig, außerhalb drehte er auf. Peter rief: Nicht so schnell, nicht so schnell. E tat, als habe er nicht gehört, als habe der Wind die Worte hinter sich gerissen. Als E sich in die Kurve legte, legte sich Sozius Peter aus Angst in die Gegenrichtung, schon war's geschehen, aber sie waren nur dreckig, als sie in den Graben gebrummt waren, mehr nicht. Doch das Motorrad war perdu, Teleskopgabel hin, Schutzblech vorne, die Lampe abgerissen, Griff und Züge rechts ein Klump – so viel auf den ersten Blick. Sie schoben die Maschine in die Stadt zurück. Mit einigen Rauchpausen. Eine Reparatur lohnte sich nicht. E schob die DKW RT 175 zum Schrottplatz.

Neben E war auch Peter ein Verlorener. Die Verlorenen hatten sich in den verschiedenen Gymnasien getroffen, die sie gewechselt und schließlich alle bis auf Jürgen hatten verlassen müssen, die nun mit ihrem Leben experimentierten und sich wieder getroffen hatten. Otto von vorne, wie sie Otto 1 nannten, wusste nicht so recht, was er machen sollte, er schrieb, er zeichnete, er druckte – eine Zeitschrift, eine Anthologie – , er schlug sich so durch und wurde ein vielgefragter Buchmacher. Jürgen war Volontär bei der Ortszeitung und wurde später ein hoch geschätzter Essayist; er ist kürzlich verstorben. Peter war zwei Jahre jünger als E, wurde ein Künstler, dessen Ruhm und Wert nach seinem Tod mit nur 34 Jahren beträchtlich stieg. Otto 2, Otto von hinten, lernte Buchhändler, lebt und ist heute ein bekannter Medienwissenschaftler. Es ist überhaupt erstaunlich, mit wie vielen E zusammenkam, die was geworden sind, nur er nicht. Manchmal bedauerte sein Bruder, dass E nicht durchgehalten hatte, er hätte ein Großer werden können. Doch hat der Bruder Es Tagebücher nie gelesen. Peter kannte E vom Internat, das auch Peter hatte verlassen müssen; er war zur Werkkunstschule gewechselt. Deshalb hatte E mit Peter das vertrauteste Verhältnis. So zum Beispiel hatten sie zusammen onaniert, was auf dem Internat nicht unüblich gewesen war.

Es war Peters Idee gewesen, sich nach einem Filmplakat »Die Verlorenen« zu nennen. Sie kannten den Film nicht. Sie hatten nur dieses Plakat. Hingabe, Gewalt, Geheimnis, Verlockung, Entblößung, Unbedingtheit, grelle Farben. E, Peter und Otto von hinten redeten davon, in die Fremdenlegion zu fliehen. Aber Peter war zu klein; E, wenn er länger stehen musste, immer wieder umgekippt; und Otto von hinten war so überwältigt von seinen Schilderungen, was es hieße, in Nordafrika zu schwitzen, zu dürsten, zu exerzieren, zu kämpfen gegen Berber und Rebellen, dass er den Gedanken nicht weiter verfolgte.

Die anderen kannten das Filmplakat nicht, das im Internat beschlagnahmt worden war, nahmen aber den Namen an. Die Verlorenen hielten sich im Kino auf oder in der Wirtschaft oder saßen auf Bänken entlang des zugewachsenen Pfads, den sie die Straße der Verdammten nannten, neben dem Flüsschen, das mehr stank als floss. Das Kino war die Lupe, wo Gangster- und Kunstfilme liefen, auf keinen Fall das, was in den neu aus den Ruinen gebauten großen Häusern für »das Man« gezeigt wurde: »Der Förster vom Silberwald«, »Sissi«, »Wenn die Conny mit dem Peter«. »Das Man« und dessen »uneigentliche Existenz« hatte Jürgen eingeführt, der sich nun schon ein zweites Jahr mit Heideggers »Sein und Zeit« quälte. »Das Man« und alle Eltern liebten Heinz Rühmann, in dessen Erwartung sie hinschmolzen, wenn in den Lichtspielen der sonore Dreiergong schlug, die Lampen an der Wand hinter den Goldschalen erloschen, der schwer schwingende Samtvorhang zu den Seiten wich. In der Lupe ging einfach das Licht aus, und das Kinoabenteuer begann. Leider nicht sofort. Erst nach dem Kultur- oder Kunstfilm, der zur Vermeidung zu hoher Vergnügungssteuern vor dem Hauptfilm gezeigt werden musste. »Wissenschaft unter dem BAYER-Kreuz« etwa oder »Die Etrusker«. Am erträglichsten waren Zeichentrickfilme aus Polen oder der Tschechoslowakei. Die Verlorenen saßen immer in der ersten Reihe unter anderen Lulatschen, wo sie ihre Beine ausstrecken konnten und sich nicht in die Sitze der engen Reihen kringeln mussten. Kringeln hatte E gesagt, der stolz darauf war, dieses so treffende wie ungebräuchliche Wort gefunden zu haben. Otto von hinten: Pötisch, pötisch, Kringel sind für mich Spritzgebäck. Peter: Was verstehst du unter pötisch? Otto von vorne: Ach du liebe Zeit. Jürgen, der immer ein Büchlein mit sich führte, notierte sich etwas. Schon bevor der Hauptfilm begann, war der kleine Raum vollgeraucht. Alle husteten. Aber stets durchdrang der Strahl des Films, den sie knattern und rappeln hörten aus der Scharte zur Kabine des Filmvorführers, die dichten Wolken des Qualms. Es saßen hier fast nur Junge, nicht »das Man«, kaum Frauen. Wie alle sprachen sie von der Lupe nur vom Genickschusskeller. Warum, wussten sie auch nicht. Hat mit den Nazis zu tun, vermutete Jürgen. Otto von hinten: Du hast nen Specht im Ohr. Otto von vorne: Weil wir mit den Nacken so auf den Lehnen liegen, dass uns das Genick rasiert werden kann. Otto von hinten: Mamma Holzauge. E: Wegen der Western. Und wegen Eddi Constantine, »Morphium, Mord und kesse Motten«. Silentium, maulte Peter, es geht los. Ihre Lieblingsfilme sahen sich die Verlorenen in der Lupe mehrmals an. Kino im Genickschusskeller kostete wenig, mit ihren abgelaufenen Schülerausweisen in der Nachmittagsvorstellung noch weniger. »Kinder des Olymp« mochten alle, fast. Otto von hinten stanken die vielen historischen Klamotten im Film. Aber ansonsten: Ewig lieben, die Leidenschaft – das war der Mensch. Der Schauspieler Lemaître war der einzige, der sich befreien konnte aus dem Sog des Triebs, indem er sich ganz seiner Schauspielkunst widmete. Aber nicht von ihm war E am meisten fasziniert, sondern von Deburau, dem Clown, dem Gaukler, dem Pantomimen, der zum Schluss, als er weder Frau noch Geliebte mehr hatte, wie ein Schatten verschwand. Käutners »Der Rest ist Schweigen« – Hamletkitsch. Hardy Krüger konnte nichts als Schnuten ziehen. Dagegen Peter van Eyck, Boy Gobert: jede Geste, jedes Brauenzucken ein Meer von Bedeutungen. Otto von hinten nannte Bergmanns »Wilde Erdbeeren« Scheibenkleister und Quatsch mit Soße. Otto von vorne tönendes Kunstgewerbe. Was ist schon Kunst, was ist denn Kunstgewerbe, fragte Peter. Und schon wurde es dunkel, wieder einmal begann »Lohn der Angst«. Neben »Kinder des Olymp« ihr Favorit. Meist gingen sie stumm aus dem Kino, nachdem sie ihre Beine eingezogen und ihre Nacken gerieben hatten. Sie rauchten und sagten erst mal nichts. Nur Jürgen, der Nichtraucher, wollte sofort Meinung und Interpretation, während sie noch ins Helle blinzelten. Bis zum Heisterkämper Krug sagten sie nichts. Nur nach den Franzosen (»Sie küssten und sie schlugen ihn«, »Schießen Sie auf den Pianisten«) schwadronierten sie sofort los, sobald sie in der frischen Luft ihre Selbstgedrehten angesteckt hatten, den Rauch so tief einatmend, dass ihre Wangen Löcher bekamen. Sie blieben stehen, schlugen sich vor die Stirn, machten ausladende Gesten, redeten überlaut, gingen schnell vorwärts und drehten sich um sich. Ihren größten Jux hatten sie, als der Vorführer die Rollen von »Lohn der Angst« verwechselte. Die Männer pechschwarz im Ölloch. Dann flog der Laster in die Luft, und dann kam der Anfang. Sie protestierten, standen fuchtelnd als Silhouetten vor der Leinwand, jemand rief Hinsetzen, jemand anderes: Flegel. Der Vorführer war aufgewacht und entschuldigte sich durch die Schießscharte des Vorführraums, begann von neuem und legte die erste Rolle ein. Da gingen die anderen, die den Film nicht kannten, wütend über die verlorene Zeit und Illusion.

Sie trugen Breitkordhosen, Rollkragenpullover, die sie sich hatten stricken lassen von Mutter, Oma oder Schwester. Die Ärmel mussten weit über die Hände reichen. Sie trugen keine Mäntel, weder Mütze noch Hut; den langen, mehrmals um den Hals gewickelten Schal legten sie auch im Krug nicht ab. Jacketts, Schlipse mit oder ohne Windsorknoten waren für »das Man«. Das eigentliche Selbstsein, sagte Jürgen, sei die einzig gebotene regulative Idee. Otto von hinten verdrehte die Augen, Otto von vorne riss sie auf. Ihr Tisch war immer frei. »Das Man« knubbelte sich am Tresen in Doppelreihe und trank mit hochgestelltem Fuß Bier aus kleinen Gläsern, schaute nicht zu ihnen. Der Wirt brachte unaufgefordert den Wein für die Verlorenen. Einmal weiß (Jürgen), viermal rot. Einmal Maikammerer, viermal Algerier. Höchstens samstags tranken sie mehr als zwei Gläser, und dann wagten sie Otto von vorne zu fragen: Wann endlich kommt unsere Zeitschrift? Wenn Jürgen philosophierte, schwiegen sie eine Weile. Peter und E schlossen sich in Zweiergesprächen ein. Peter wusste nicht, ob er gegenständlich oder abstrakt zeichnen solle. Gegenständlich hieße, sich den Ordnungsvorgaben »des Man« zu unterwerfen. Der Maler müsse ganz aus seiner Existenz kreativ sein. Wenn er aber abstrakt zeichne, gelinge es ihm nicht, seine ganze Geworfenheit auszudrücken, das sei nur Form-Farbe-Linie, nicht Liebe, Angst, Schuld, Tod, Trieb, Verantwortung. Die reine Form habe kein tiefes Gefühl. Oder drückten Baumeister und Bill tiefe menschliche Gefühle aus? Dann schon eher Beckmann und Chagall, sagte Peter, der, um die zweite Documenta in Kassel zu sehen, schwarz mit dem Zug nach Kassel gefahren und erwischt worden war. Auf jeden Fall, sagte Otto von hinten, sei der gottvolle Sedlmayr mit seinem christlichen Modernehass ein geistiger Maulwurf, der in dem Dreck und Chaos sitze, die er der Moderne vorwerfe. Naja, sagte E, Moral müsse auch in der Moderne sein. Otto von hinten rief: Jawoll, Herr Kapitän, und Grass ins Scheiterfeuer. Die andern hatten »Die Blechtrommel« noch nicht gelesen; in der Stadtbücherei war sie nicht zu bekommen; in der Zeitung ihr Verbot gefordert worden. Otto von hinten höhnte: Heil Süsterhenn und hoch das gesunde Volksempfinden! Otto von vorne wollte zur Verantwortung des Einzelnen bei Sartre und Camus überlenken. Sisyphos, begann er. Jürgen unterbrach, da habe er doch einiges in den falschen Hals bekommen. Der Einzelne zähle gar nichts, wie Freyers »Theorie des gegenwärtigen Zeitalters« zu entnehmen sei. Der Einzelne sei nur sekundär gegenüber den Systemen von Industrie, Technik, Wissenschaft. Also doch »im Räderwerk«, beharrte Otto von vorne. Sie einigten sich auf Dostojewskis Roman »Schuld und Sühne«, den aber nur Jürgen begonnen und weggelegt hatte.

Den Heisterkämper Krug betrat man durch einen Windfang, einen Rundbogen aus einem schweren braunen Wollvorhang, der an goldenen Ringen hing und nie gewaschen wurde. Im Heisterkämper Krug saß man an Tischen, deren Buchenholzplatten mit Sand weiß gescheuert wurden. Wer werktags essen wollte, bekam nur Bratkartoffeln mit Ei und Speck oder ein Mettbrötchen mit Zwiebeln. Auf dem Tresen stand ein trübes Glas mit Soleiern, eine Maschine, die, wenn man zehn Pfennig eindrehte, Erdnusskerne spuckte, und ein schwarzweiß-rot gestrichener Seenotkreuzer der DLRG, in dessen Schlitz nie jemand etwas fallen ließ. Die See war weit weg. Hinter dem Tresen als Cognacspender eine umgedrehte Flasche Asbach, die, wenn man das Glas gegen sie drückte, einen namenlosen Weinbrand abgab. Da aber meist nur Korn getrunken wurde, verkrustete der Cognacspender. Mehrere Sparschränke, grüne, braune, hingen an den Wänden, mit nummerierten Fächern. Aufgehängt hatte sie die Ortssparkasse. Doch gespart wurde nur dafür, um die Groschen bei der jährlichen Kegeltour ins Sauerland zu vertrinken. Auf dem Stammtisch stand ein topfgroßer Aschenbecher mit einem irdenen Doornkaat-aus-Kornsaat-Bügel. Da aber alle an der Theke standen, lagen im Doornkaat-Aschenbecher immer nur die stinkenden Stumpen des einen mit der Hasenscharte, der sich nicht an den Tresen stellte. Es war ein Flüchtling aus Pommern, den »das Man« unseren gewesenen Großgrundbesitzer nannte. Das Bier war DAB. An der Wand hingen Schießscheiben, die im Krug verkehrende Mitglieder des Schützenvereins geschossen hatten.

Auf dem Nachhauseweg wurden sie manchmal, ohne betrunken zu sein, einzeln oder zusammen frech. Dann benahmen sie sich wie gesenkte Säue, freute sich Otto von hinten. Sie malten den Steinbüsten am Rathaus rote Lippen. Sie traten Verkehrsschilder um oder stahlen sie. Sie zerschlugen die geklauten Aschenbecher. Und dann kamen die Väter dran. Die Verlorenen überschrien sich mit Einfällen, außer Jürgen. Sie sperrten die Väter in einen Bunker, von denen noch so viele zu sehen waren. Und fest die Stahltüre zugedreht. Sie ließen sie »Oh du schöner Westerwald« singen, »Die Fahne hoch«, ließen sie »Rotfront verrecke« schreien. Dann mussten sie beim Skat Barrassprüche klopfen und die Söhne beschimpfen: gehorchen, solange du deine Füße unter meinen Tisch streckst, Füße hoch, Füße abkratzen, Hände aus den Taschen, wasch dir gefälligst die Ohren. Und dann die Russen rein oder die Partisanen, und alle an die Wand. Jetzt hört aber auf, empörte sich Jürgen. Sie hörten auf. Es Vater hatte die Narben und den immer noch wandernden Splitter. Ottos von vorne Vater fehlte ein Arm. Ottos von hinten wunderlicher Vater war verschüttet gewesen, wie es hieß. Peter hatte keinen leiblichen Vater mehr. Jürgens Vater hatte sich ins Exil gerettet. Aber den Burschenschaftern, nahmen sie sich vor, den würden sie die Schmisse aus den Fressen hauen.

E ging zu Balsereit und studierte Rollen und Bühnensprache, diskutierte mit ihm über seine Idole: Devrient, Horst Caspar, dessen Balladenplatte er auswendig kannte, Werner Krauß, Tilla Durieux, Paula Wessely. Von allen lieh Balsereit ihm Fotobücher. Thomas Holzmann und Oscar Werner mochte Balsereit nicht, neumodisch, schlechte Aussprache. Gérard Philipe, dessen »Fanfan, der Husar« E begeisterte, fand Balsereit französisch flach. Dagegen Paul Wegener. E wusste, dass Wegener nachts im Krieg an Hauswände »Nieder mit Hitler« geschrieben hatte. Das bewunderte E. Aber das meinte Balsereit nicht. Kortner, sagte Balsereit, hat sich ins Exil verdrückt, den Shylock spiele Kortner nur so gut, weil er Jude sei, der Herr Nathan Kohn.

Aus Es Tagebuch 1960, ohne Datum:

Man bedenke folgendes: Ein Mensch sitzt unzufrieden mit sich und der Welt, gedrückt von nagenden Zweifeln an seiner Person, in seinem Zimmer. Glimmernde Wut über diesen Zustand, gegen den er machtlos ist, lässt in ihm eine zähneknirschende Zerstörungswut aufkeimen. Er malt sich, duster auf den Schreibtisch blickend, aus, die Stehlampe die Gardine herunterzureissen und, um dem Ganzen die Krone aufzusetzen, das Fenster zu zerschlagen und in die Nacht hinauszurennen. Vor kurzem hat dieser Mensch aus Verzweiflung über seine Person einen Selbstmordversuch begangen. Nach dieser Tat behandelte man ihn zuvorkommend und höflich in unaufdringlicher, kaum spürbarer Weise. Der junge Mensch überlegt nun: »Wenn ich diesen Tobsuchtsanfall mache, würde man mich trotz des erheblichen Schadens nachsichtig behandeln im Rückblick auf die zwar seither nicht mehr erwähnte, dennoch aber frische Verzweiflungstat. Es könnte sein, dass ich den Tobsuchtsanfall nur begehe, weil ich mir der schonenden Güte bewusst bin. Das wäre gemein, also unterlasse ich es.« Kaum hat er diese Überlegung hinter sich gebracht, bemerkt er, welch ein merkwürdiges Ding das doch ist: Das wirklich echte aus einer Depression entstandene Gefühl, der Trieb, sich der abschnürenden Selbstzweifel zu entledigen durch einen Tobsuchtsanfall, sofort, während es noch wächst, mit dem Verstand von allen Seiten zu beleuchten. Zuerst malt er sich die Szene aus; während die-

ses Gefühl in ihm wächst, bedenkt er schon seine Folgen, was die Ausführung schon unmöglich macht, und zweitens bedenkt er die Folgen für die Familie bei Berücksichtigung seiner besonderen Lage.
Da steigt ein neuer Impuls in ihm auf: Das Bisherige auf dem Papier festzuhalten. Aber anstatt diesem Impuls nachzugeben, überlegt er, wie er es aufschreiben soll. Wieder, zum zweiten Mal, wird der Impuls durch den Verstand zunichte gemacht. Eine neue Überlegung folgt: Soll er es überhaupt aufschreiben? Ausgelöst wird diese Überlegung von der Tatsache, dass er gerade mit einer anderen Sache beschäftigt ist, er müsste sie unterbrechen, um seinem Impuls, der schon lange keiner mehr ist, nachzugeben. Endlich greift er doch zu Papier und Bleistift, nachdem er noch kurz überlegt hat, auf welches Papier er dieses schreiben soll und mit welchem Schreibutensil. Und während des Schreibens bedenkt er leise, ob dieses Schreibwerk der Nachwelt erhalten bleiben könne, denn er hegt den Wunsch, ein bekannter Mann zu werden. Und was für einer? Sie werden lachen, und es scheint ihm selbst lächerlich, was übrigens der Grund seiner Niedergeschlagenheit und Selbstzweifel war: ein Schauspieler.«

[**Sprache.** Alle Schreibutensilien heißen heute »Stift«. Die Papierwahl ist einfach geworden: Druckerpapier statt Brief-, Schreibmaschinen-, Luftpostpapier. Inwieweit der Computer das Schreiben verändere, war, als der Computer aufkam, ein heißes Thema unter Schreibenden. Heute ist es sehr kalt. Die behauptete Wiederkehr der Schreibmaschine (Triumph/Adler hat den Absatz von Schreibmaschinen verdoppelt) kann nur Leute betreffen, die nicht Jahrzehnte ihres Schreiblebens mit sich verhakenden Typen und Tipp-Ex zu kämpfen hatten.

Es Art zu schreiben kommt mir nicht untypisch vor für seine Generation: gewählte, pathetische Worte, wohlgeformte Sätze. Aus einer Zeit vor »echt«, »irgendwie«, »total«, »super unheimlich«, »Scheiße«. Eine an sich glaubende Wortkultur. Die wir brachen, als wir drei erwachsenen Männer 1968 nach dem Besuch des Films »Zur Sache Schätzchen« eine Wette abschlossen, wer es als erster wage, im Gespräch mit unserem Professor die Worte »gammeln« und »unheimlich gefummelt« unterzubringen.

Wenn ich in Bussen und Bahnen Leute beim Gespräch beobachte, fällt mir auf, dass nur noch ganz alte ohne Gesten reden mit einem für uns verlorenen Wortschatz für Befindlichkeiten. Je jünger die Leute sind, umso mehr fuchteln, lautmalen und grimassieren sie beim Reden. Sie spielen Sprache. Sie ahmen Filme und Comics nach, was die Verlorenen nur nach Nouvelle Vague-Filmen taten. Comics lasen die Verlorenen nicht. Sprache verändert sich eben, sagen die Sprachforscher, die beobachten, dass sie immer zum Einfachen strebe. Insofern sei auch nicht zu bejammern, dass der Genitiv weg sei, der Akkusativ verschwinde, der Plural bei Aufzählungen. Mir ist aber nicht alles historisch schnurzegal: Ich habe ein Sprachschmuddelbuch voller Zitate, in denen »aller Zeiten« vorkommt. Logisch ist die Wendung Quatsch; ge-

meint ist ja nur »bisher«. Der größte Hit »aller Zeiten«? Und wenn in Zukunft noch ein größerer kommt? Schon gut, ein schlechter Elativ. Nichts ist gut, viel schlimmer: Man sagt nicht so locker »aller Zeiten«, wenn man weiß, dass Hitler sich GRÖFAZ nennen ließ, den »Größten Feldherrn Aller Zeiten«.
Und man schreibt nicht – Nachschlag zum Fortschritt – als 1981 geborene Autorin, dass sie mit Literatur nichts bewegen könne. Bewegen könne sie etwas als »Freund, Berater, Diskutant, Lehrer, Blutspender, Wähler, Käufer, Unterzeichner«. Lob der Bundeskanzlerin, die sich nicht Bundeskanzler nennt.
Neben der Genderisierung ist das Sprachspiel ein Zugewinn des Sprachwandels nach Es Tod. Es kam in der Konkreten Poesie auf und erreichte in der »taz« einen Höhepunkt, der nur vom Frisörgewerbe überboten wurde: Haarmoonie, Haarmony, Haarscharf, Querschnitt, Feinschnitt, Haarem, Haargenau, Haarspitze, Hairlich, Hauptsache, Headonist, Kopfarbeit, Schnittstelle, Schnittig. Das Sprachspiel hat Sprache kombinationslustiger gemacht, als es E sich hätte erlauben können. »Heute bestimmt das Design das Bewusstsein.« (Claas Relotius). Manchmal geht's daneben: Schreinerei Wörz: »Wir sind auf dem Holzweg.« In Es Tagebüchern gibt es keine Anglizismen, gegen die nichts zu sagen ist, wenn sie freundlich übersetzt sind: »Coffee to go. Jetzt auch zum Mitnehmen«.

Weiteres aus meinem Sprachschmuddelbuch: definitiv, wunderbar, OK, gerne, genau, kommunizieren, Alleinstellungsmerkmal, Philosophie, charmant, einzigst, allereinzigst, natürlich, nicht wirklich, in keinster Weise, sehr sehr, mit Sicherheit, in den Raum stellen, fokussieren, Gruß in die Runde, bespielen, hart arbeiten, aufmischen, ein Problem haben, Sinn machen, auf dem Schirm haben, Narrativ. Und mit definitiver Sicherheit natürlich noch sehr sehr vieles mehr.]

Die Verlorenen radelten nach Amsterdam, um sich ein wenig ganz zu verlieren. Jürgen sagte Spinoza, Otto von vorne Koffie, Peter De Stijl, E Javaanse Jongens, Otto von hinten dachte: meisje, sagte es aber nicht. Bis kurz vor Emmerich ging es halbwegs gut. Die Sonne war mal ein gleißender Teller im Dunst, dann wieder im Dunst verschwunden, der den Himmel weißlich und das Grün giftiger machte. In der Ebene kamen sie gut voran. Sie verfuhren sich [keine Radwege, keine Radkarten] – Otto von vorne hatte von seinem Onkel eine Karte bekommen, Deutschland-Nord, die vom Harz in der SBZ bis »Nimwegen« reichte und die sie nur ein einziges Mal zu Rate zu ziehen versucht hatten –, verfuhren sich noch mal und nachdem sie lange, die Radstangen wacklig zwischen den Beinen, gestanden und gestritten hatten, wo es langgehen solle, wollten sie einem Bauern hinterher, der mit seinem Trecker Furchen durch ein abgeerntetes Kornfeld zog. Hinter dem Trecker fielen Möwen in die Furchen ein und Krähen, die sich mit den Möwen und anderen Krähen zankten. Sobald der Bauer sie gesehen hatte, schaute er, schräg auf dem blechernen Treckersessel sitzend, nur hinter sich, wendete ohne Halt und bemerkte sie nicht. Der Bauer war der einzige

Mensch am Niederrhein. Bei Wesel stellte sich kein Echo ein, so sehr sie auch brüllten zu jedem Wäldchen, die Hände als Trichter um den Mund gelegt. In Rees tranken sie Tee, den ihnen ihre Mütter in Sprudelflaschen aus Glas und mit Bügelverschluss gefüllt hatten [kein Plastik]; Otto von vorne aus einer in grauen Filz gehüllten Feldflasche seines Onkels, in der der Tee auch nicht warm geblieben war. Und rauchten. Sie fuhren in fester Formation: Otto von vorne wegen seines schweren Rades hinten, dann Jürgen, dann E und Peter, Otto von hinten vorne voraus, freihändig. Und nun hatte die Sonne über den Dunst gesiegt, die Kopfweiden qualmten, die Wiesen köchelten und die Ulmen und Eichen standen klar vor Blau. Die Verlorenen begannen von innen zu dämpfen. Otto von vorne, den sie den Campingvertreter nannten, hielt alle Naslang an und zog etwas aus oder an und dafür etwas anderes aus oder an. Nach der Entfernung, die sie mit einem Kilometerzähler maßen, der an Ottos von vorne Vorderradgabel angebracht war und den ein an einer Speiche befestigter Sporn trieb, vermuteten sie, sich Emmerich zu nähern. Da schlug Ottos von vorne Hinterrad durch auf einem Feldstein. Der Reifen war sofort platt. Kein Wunder, denn Otto von vorne hatte seinen Gepäckträger unvernünftig überlastet. Alle Kothenbahnen schleppte er, weil sie sein Vetter, Wölflingsmeister der St.-Georgs-Pfadfinder, ausdrücklich nur ihm in Obhut gegeben hatte. Und sein Onkel hatte darauf beharrt, dass Otto von vorne die kriegsbewährte Wolldecke mitnehme, die rote Streifen »Marine« überzogen, während die anderen sich von Es Bruder, der in den Semesterferien in einer Fabrik für Einmaldecken aus Kunstfasern arbeitete, sich federleichte, leicht gebrauchte Einmaldecken gekauft hatten. Es Bruder bekam die Einmaldecken günstig für DM 1,50 und verkaufte sie für DM 2 weiter; E bekam seine Decke geschenkt. Otto von vorne baute sein Rad ab, das auf Sattel und Lenker gedreht wurde. Otto von hinten holte aus der braunen Ledertasche unter dem Sattel, die nur noch an einer Schlaufe hing, Knochen und Flickzeug, sie zerrten den Schlauch aus dem Mantel, flickten, waren zu eilig und beim Anpumpen des Schlauchs platzte der rot-schwarze Flicken ab. Der zweite Flicken hielt.

In Emmerich suchten sie die holländische Grenze und standen plötzlich vor einem Schlagbaum. Auf die Forderung, den Paspoort vorzuzeigen, waren sie vorbereitet bis auf Peter, der nur einen abgelaufenen Schülerausweis bei sich hatte. Peter wollten sie nicht einreisen lassen. Jürgen versuchte es mit Latein; Otto von hinten mit Englisch. Die niederländischen Grenzbeamten bedeuteten, sie verstünden kein Wort Deutsch. Als es E, der in Balsereits Unterricht auch Dialekte zu üben hatte, mit zwei Sätzen Plattdeutsch von Fritz Reuter versuchte, verzogen die Beamten das Gesicht. Was hätten sie denn nach Holland schmuggeln können, dort war ja alles Gute günstiger? Schwarzes Gold, antwortete einer der

Beamten gut verständlich; nur dass er »Gold« wie »Golled« aussprach. Sie begriffen nicht. Ruhrkohlen, erklärte der Grenzer. Alle mussten alles abbauen, öffnen und ausbreiten. Es wurden keine Kohlen gefunden. Und wieder einsammeln, schließen und aufbauen. Die Marinedecke behielten die Zollbeamten. Die olivengrünen Konservenbüchsen aus deutschen Heeresbeständen gaben sie zurück. Sie waren nun in Holland, aber Holland sah aus wie Deutschland. Erst nach der Enklave Elten wurden die geduckten Backsteinhäuser bunter, weiße Fensterrahmen, rote Türen, vor denen blaue Bänke standen. Es mehrten sich die Lebensmittel-, Kaffee- und Zigarettenläden, wo sie Javaanse Jongens kauften, sich gleich einen Vorrat in die Blechbüchsen drehten. Sie rauchten mit schlechtem Gewissen im Feindesland. Es ist ja, sagte Jürgen, als seien wir hinter einem eisernen Vorhang gelandet. Es dämmerte, sie schoben ihre Räder abseits in ein kleines Wäldchen, bis keine Stimmen, Trecker, Autos mehr zu hören waren und wo in all dem Feuchten die Kothe aufgebaut werden konnte. Otto von vorne plante, wie die Kothe aufzubauen sei, und es gelang ihnen zusammen nach einigen Abstürzen, die schwarzen Bahnen an den gesammelten Stangen und dem Hängekreuz aufzuziehen. Dann setzen sie den Kochtopf auf Steine, feuerten an, Rauch stieg aus dem Rauchloch der Kothe. Sie flüsterten nur. Keine Gesänge, schon gar nicht auf Deutsch. Die Büchsen mit der Erbsensuppe aus Heeresbeständen ließen sich mit dem

Fahrtenmesser öffnen – jeder trug eines am Gürtel –, aber die Suppe nicht mit dem Fahrtenmesser löffeln. Allein Otto von vorne hatte von seinem Vetter ein zusammenklappbares Blechbesteck bekommen, das sie nun löffelum teilten. In der Nacht lagen sie beieinander und schauten durch das Loch der Kothe in den Himmel, durch den der stehende Mond hinter den raschen Fetzenwolken zu rasen schien, und warteten, bis der Große Bär zu sehen war, und verglichen, alte Indianerprobe, wer das Reiterlein als erster und am besten sehen konnte. Otto von hinten brummte: Ihr seid mir schöne Indianerbären, der Große Wagen ist das, und das Glitzerding auf dem Knick der Leiter heißt Kutscher. Fahrer, verbesserte Otto von vorne, dessen Vetter Mitglied im Reit- und Fahrverein Kevelaer war.

Als sie aufgerüstet hatten und nachdem Jürgen noch einmal zurückgefahren war, um die leeren Büchsen aus deutschen Heeresbeständen aufzusammeln, begann es zu regnen. Im Gegenwind flatterten die grauen Kleppermäntel hinter ihnen. Als sie südlich von Arnhem an einem der Knie des Nederrijns rasteten, Kopf und Schulter mit den Kothenbahnen bedeckten, kullerte das Glas mit der von Ottos von vorne Mutter selbst eingemachten Quittenmarmelade die Böschung hinunter und in den Fluss. Sie retteten das Glas und schleppten so schwere Matschbollen an ihren Schuhen, dass sie kaum gehen konnten. Jürgen sagte, Holländer müsste man hier sein und Holzschuhe tragen. Sag lieber Niederländer, riet Peter, Kilroy ist überall. Der fiese Regen rann ihnen in den Kragen und aus den Schuhen wieder heraus. Wer eine Brille trug, sah mit und ohne Brille nichts mehr. Den Vorderreifen flogen Spritzbögen voran. Zwischen Wageningen und Rhenen fanden sie ein Gasthaus, Amstel-Bier, bekamen Herberge aber nur im alten Stall. Sie schliefen unter einem dreibeinigen, von Holzwürmern zernagten Billardtisch, auf dem von Motten gelöcherte Teppiche lagen. Am Morgen schnauften die Kühe auf der Weide vor dem Stall. Der Wirtssohn brachte eine Blechkanne echten, heißen Kaffees und sagte: Heil Hitler.

Der Regen hatte kaum nachgelassen. [Keine Tempo-Taschentücher, kein Haushaltspapier; sie benutzten alle von den Müttern gesäumte und mit ihren Initialen bestickte, gebügelte Stofftaschentücher.] Die Fahrt verlangsamte sich. Missgelaunt saßen sie im Regenzeug auf einem lehmigen Damm und schauten der Fähre zu, die drüben ablegte, hier anlegte, hier ablegte, drüben anlegte. Sie war ein knatterndes, flaches Boot, an der Seite ein Schornstein, rappelnde Blechbrücken an beiden Enden. Unter dem tiefen Einheitshimmel war alles noch kleiner, weiter, flacher, leerer, feuchter als am Niederrhein. Und Amsterdam weit. Die Fähre brachte und nahm ein Rad oder auch zwei, eine Kuh mit einem Bauern. Einmal einen Ford. Einmal einen Citroën-Kasten, der Brot und

Milch von Dorf zu Dorf brachte, auf dem stand: Melk fris lekker gezond. Aus dieser trüben Nordlandschaft, räumte Otto von hinten ein, hätte auch Grass nichts machen können. Sie rauchten, warfen Steinchen in den Fluss, der zu träge war, um Kreise zu ziehen. Pause und Unterhaltung waren vorüber. Die Ledersättel nass; nur E hatte einen Gummisattel. Einmal kontrollierte die Rijkspolitie ihre Pässe und ließ auch Peter mit dem Schülerausweis weiterfahren. Nacheinander rutschte jedem der Verlorenen das Rad im Matsch weg. Als es dunkel wurde, bauten sie die Kothe nicht auf. Sie wickelten sich unter einem stattlichen dichten Baum, unter dem das Moos noch etwas trocken war, in die Mäntel und Planen und Einmaldecken. Als es hell wurde, bemerkten sie, dass sie im Park von Huis Doorn geschlafen hatten, in dem Wilhelm II. Holz gehackt und gesägt und an Arme verteilt hatte. Bevor die Rijkspolitie hätte kommen können, fuhren sie auf den nur notdürftig aufgerüsteten Rädern bis zum nächsten Bahnhof. Sie legten ihre Gulden zusammen. Nach der Grenze bei Enschede, an der sie den Zug verlassen und durch eine Zollbude hatten gehen müssen, rief Otto von hinten aus dem Zugfenster, das er an einem festen braunen Lederriemen heruntergelassen hatte: Godverdomme.

Aus Es Tagebuch:

Eben Gespräch mit Peter gehabt. Er schwärmte wieder von den Dadaisten und Sürrealisten. Ich sagte ihm, dass das alles Hampelmänner sind, die ihr Leben sinnlos verplempern.
Peter: Sie haben eben erkannt, dass das Leben absurd ist. Deswegen propagieren sie das völlige Chaos.
Ich: Aber man muß sich doch um eine Lösung der Frage nach dem Sinn des Lebens bemühen.
Peter: Haben sie ja.
Ich: Und inwiefern?
Peter: Sie haben erkannt, dass es absurd ist.
Ich: Das heisst, sie sehen ein, dass es sinnlos, zwecklos ist.
Peter: Ja.
Ich: Dann müssen sie aber doch die Konsequenzen daraus ziehen.
Peter: Welche Konsequenzen?
Ich: Wenn das Leben, ganz allgemein gesagt, absurd ist, dann ist doch auch ihr Leben absurd.
Peter: Ja.
Ich: Wenn es also absurd ist, dass sie leben, ist doch die logische Konsequenz, dass sie nicht mehr leben. Das heisst, dass sie Selbstmord machen.

Das wollte er nicht einsehen. Ich versuchte, ihm klarzumachen, dass der Mensch, der das Leben, also auch sein ganz persönliches Leben, für sinnlos hält, doch gar nicht mehr weiterleben kann. Mit welcher Begründung denn? Das ist doch einfach ein Hirngespinst: Mein Leben ist Quatsch. Aber ich lebe trotzdem. Man muss doch die einzig mögliche Folgerung ziehen und sich umbringen. Wenn sie aber weiterleben, dann flüchten sie vor ihrer eigenen Weltanschauung. Dann ist das Weiterleben doch schon der Beweis dafür, dass ihre Philosophie nicht richtig ist.

Peter fragte mich dann, was denn die richtige Einstellung zum Leben ist. Ich sagte prompt: Man muss an das Gute im Menschen glauben, sich um eine positive Lösung bemühen.
Peter: Und wenn es diese positive Lösung nicht gibt?
Ich: Man muss dran glauben.
Peter: Also eine Illusion. Siehst du denn nicht ein, dass wir heutzutage nicht mehr mit Glauben und dergleichen weiterkommen.
Ich blieb die Antwort schuldig. Denn darin hat er recht, dass es heute keine Religion oder Philosophie mehr gibt, die den Tatsachen gerecht wird. Es befindet sich alles in Auflösung. Das feste Gefüge, in dem die Menschen seit den Griechen gelebt haben, ihre Herausbildung des Menschen als Höhepunkt der Schöpfung. Wird das nicht hinfällig heute, wo man den Menschen zerlegen kann in ein aus Zellen und Nerven zusammengesetztes Lebewesen, wo wir dabei sind, das »Leben« biologisch-chemisch-physikalisch zu zerlegen bis ins Kleinste, bis ins Atom. Wird das Gerede vom Schöpfertum des Menschen nicht hinfäl-

lig? Warum noch leben, wenn ich kein Schöpfer sein kann? Und was soll dann noch Kunst? Sie erscheint mir nur noch als eine ganz unwichtige Sache, als eine Unterhaltung, die die Menschen sich machen. Ein Scherz, eigentlich lächerlich. Warum noch Shakespeare spielen? Ist es nicht müssig, über Goethe und das Faustproblem nachzudenken? Es sagt mir doch nichts über das Leben, das aus Atomen, Neutronen, Zellen u.s.w. besteht. Kunst, das ist, wie ich bisher meinte, Wiederspiegelung des Lebens, Deutung durch Darstellung. Ja, was will ich denn darstellen? Wozu noch die Leiden, das heisse Ringen des Künstlers, er kann das Leben doch nicht erfassen. Warum noch sterben, um zu werden? Ja, was ist das Leben denn überhaupt, was ist das Leben was was was

[**Dresden.** Einmal geriet ich im Zug in Dresden unter lauter Christen, evangelische. Der Großraumwagen war leer gewesen, nun übervoll von Christen, denen vor der Brust, über dem Bauch schuhlöffelgroße, aus Holz grob geschnitzte Kreuze baumelten. Nicht lange, dann sangen sie mehrstimmig den Kirchentagssong »Da wird auch dein Herz sein«. Der Großraumwagen schunkelte. Ich meine nicht, dass es bei uns die beschriene Wiederkehr der Religion gibt. Über die Hälfte der Frauen, vor allem der jungen, tragen ein Kreuz um den Hals. Das ist eine Mode, kein Bekenntnis. Und so ist es auch mit Kommunionen und Konfirmationen: Es geht um Geld, nicht um Erweckungen. Ist das Geld kassiert, ist das Bekenntnis erledigt. AT und NT sind nur noch als Füllworte in Kreuzworträtseln bekannt. Geocaching statt Ostereiersuchen. Wenn man den Germanistikstudis »Fronleichnam«, von dem sie nie etwas gehört haben, übersetzt, finden sie das eklig und haben keine Ahnung, wer der HErr sein könnte. Am Karfreitag, fordert der ASTA, soll wieder getanzt werden dürfen. Ich zwinge mich, um meine Beobachtungen statistisch zu kontrollieren, sonntags in Kirchen zu gehen. Sie sind meist leer. Bei den Evangelischen etwas leerer. Bei den Katholischen ist es zu Ostern voll, während die Evangelischen eine Radtour machen. Nur Weihnachten platzen auch die protestantischen Gotteshäuser. Die Kirche ist voll von Fotoapparaten und Parfüm. Der Pfarrer muss anweisen, wann aufzustehen, wann sich hinzusetzen ist. Selbst das Vaterunser muss schriftlich ausgeteilt werden. Da möchte ich kein von Gallensteinen geplagter Pastor sein und den kirchlichen Ausgangssegen geben müssen zu einem Fest, aus dessen Papier- und Geschenkebergen die im Bordeauxrausch der Eltern vergessenen Kinder am nächsten Morgen nur mit Mühe herauskrabbeln können. Die evangelische Theologin Margot Käßmann: »Zu einem Ikea, der am Sonntag kostenlos Hotdogs verteilt hat, sind 4000 Leute gekommen. Aber wir können doch nicht Hotdogs verteilen.«

Keine Sonntagsbeilage ohne prominente Antworten auf die Frage, was das Leben sinnvoll mache. Im müden Europa, schreibt Elisabeth von Thadden, scheint nichts »gewisser zu sein als eine umfassende Ungewissheit, was werden soll«, die ein andauerndes Sinn-Gebrabbel überschwemmt, während

»im Hintergrund die Nachrichten laufen über Kriegsgefahren, Ressourcenerschöpfung, einstürzende Banken, Klimawandel«. Nun zu ergänzen: über Flüchtlinge, besonders die muslimischen. Der ganze Sinnfragen-Wirbel läuft auf ein Carpe Diem hinaus. Lebe, und lebe jetzt. Ausrufezeichen. Habe Spaß. Ausrufezeichen. In einem Interview, das nach seinem Tod wiederholt ausgestrahlt wurde, sagte Walter Jens, er sei gewiss ein Christ. Nun ja, fuhr er fort: »Die Auferstehung des Fleisches – peut-être«; aber die Bergpredigt gewiss. Dafür reicht aber auch Kants Kategorischer Imperativ, meint Wolfgang Niedecken.]

Glogauerstraße

Trotz Balsereits Mühen um zukünftiges Künstlertum, trotz seiner Exerzitien in Bühnensprache, und obwohl sie Hamlet wieder und wieder übten, hatte E keinen Erfolg mit seinen Bewerbungen zum Vorsprechen in Bochum und Essen. Balsereit klagte, dass er nicht mehr von dieser Welt sei in seinem Alter, leider falle ihm gerade der entsprechende Satz von Attinghausen im »Tell« nicht ein, der ihm auf der Zunge liege; in Bochum und Essen wehe ein neuer Geist, der ihn traurig mache; das Klassische gehe unter. Peter hatte wieder ergebnislos seine Mappe bei einer Kunstakademie vorgelegt. Jürgen, dessen Essay zu Tolstois »Kreuzersonate« abgelehnt worden war, wurde als Berichterstatter für dreißig Zeilen zu einer Kleintierausstellung in einen entfernten Ort geschickt, zu dem er mit dem Rad fahren musste. Otto von hinten bekam sein Romankapitel über kaschubische Männer in der Messe und danach im Krug nicht hin. Er zeigte es Otto von vorne, der es aber nicht haben wollte für seine Zeitschrift, die er »hefte 61« nennen wollte.

Und dann kam die Einladung zum Vorsprechen in Berlin, Glogauerstraße. In Hannover stieg E in den nächtlichen Interzonenzug, den dampfenden D 111, memorierte seine Texte, die er vorsprechen wollte und die er in Großschrift in Schulhefte [keine Kopien] notiert hatte mit allen markierten Pausen, Betonungen, Verzögerungen und Verschnellungen. Er sprach laut, skandierte dazu, denn er saß allein im Abteil, die braunen Vorhänge zugezogen. In Marienborn kam die Volkspolizei und riss den Vorhang weg und schaute ihn lange streng an. Was er in der Hauptstadt der DDR wolle? Schauspieler werden, antwortete E. Die Volkspolizisten gingen. E zog den braunen Vorhang wieder vor. Die Heizung bollerte so auf, dass E einschlief und erst in Dreilinden, als es hellte, aufwachte. Die Hefte waren auf den staubigen Boden gerutscht. Angekommen im Bahnhof Zoologischer Garten fragte er die Reichsbahnfrau in ihrem kleinen Schalter, wie er zur Glogauerstraße komme. Die Frau in schwarzer Uniform, mit roter Mütze, verwies ihn an die s-Bahn, Warschauerstraße, dann über die Oberbaumbrücke. Sie sprach so schnell und berlinerte so schnoddrig, dass E sich sofort »det« und »dit« und »jut« und »dufte«, »knorke« angewöhnen wollte. Die rot-gelbe s-Bahn war ziemlich leer, ratterte arg, aber E sah die Stätten, die ihnen in flimmernden Filmen des Bundesministeriums für gesamtdeutsche Fragen vorgeführt worden waren. Nicht jeder Lehrer konnte die großen Vorführapparate bedienen; manchen riss der Film. Und zum Schluss schlug das letzte Filmstück mit dem Siegel der Filmbewertungsstelle (FBW) wieder und wieder und drohte sich zu verhaken in der Filmrolle, wenn der Lehrer nicht rechtzeitig aufgewacht und zum Vorführapparat gesprungen war, um die Rolle anzuhalten. Und das war jetzt das wirkliche Berlin. Die Schwangere Auster konnte E nicht entdecken, wie er den Kopf auch wendete auf seiner gelben Holzbank, deren Eisennuten drückten. Er beobachtete, wie die wenigen anderen s-Bahn-Gäste ausstiegen. Die jungen Männer sprangen ab, und als der Zug in die Warschauerstraße einfuhr, öffnete E wie die anderen die Tür vor dem Halt und sprang vom fahrenden Zug mit schnellem Schritt auf den Bahnsteig. Aber er sprang gegen die Fahrtrichtung, überschlug sich, und sein Matchsack flog in hohem Bogen davon.

E humpelte schmerzhaft und fragte sich durch mit Bühnendeutsch und »jut« zur Oberbaumbrücke. Unter den wenigen Autos hier kein einziger vw-Käfer. Die tückische Reichsbahnfrau hatte in ihm wohl den tumben Westdeutschen erkannt und nach Ostberlin geschickt. Er humpelte zur Oberbaumbrücke, doch die war vernagelt mit einer Bretterwand, auf der stand: »Den Sozialismus in seinem Siegerland halten weder Brandt noch Dulles auf!« E musste zurück zur Schillingbrücke, an verkrauteten Trümmerbrachen vorbei, dann war er in Westberlin und atmete auf. Das war sein Berlin: »Auf einem Häuserblocke sitzt er breit./Die Winde lagern schwarz um seine Stirn./Er schaut voll Wut, wo fern in Einsamkeit/Die letzten Häuser in das Land verirrn./Vom Abend glänzt der rote Bauch dem Baal,/Die großen Städte knieen um ihn her./Der Kirchenglocken ungeheure Zahl/Wogt auf zu ihm aus schwarzer Türme Meer.«

Kirchenglocken hörte E nicht, aber tieffliegende Flugzeuge, deren dumpfes Propellergedröhn ihn den Kopf einziehen ließ, wohl weil er, obwohl er sich daran nicht erinnerte, Berliner gewesen war, als die Bomben krachten. Hohe Häuserfassaden, vielstöckig, gleich gebaut in sauber abgemessenen Linien, Straße für Straße, geteilt von spitzen Ecklokalen, Schultheiss, Berliner Kindl, auch mal ein Schnapshaus. Hoch, gerade und windig. Über die breiten Bürgersteige trugen Damen ihre Pelze; die kannte er schon von Erich Kästner und Gabriele Tergit. Doch die Fassaden waren zerschossen, helle Flecken im Putz, wo der Putz schmutzgrau war, dunkle Flecken, wo der Putz erneuert war. Neben den Türen die schrägen weißen Pfeile des Luftschutzes. Die Fensterrahmen abgeblättert. Trümmerflächen, Morastpfuhle, Jungen, die tote Ratten schleuderten. Lichtreklamen. Läden, Konsum, Landesprodukte, Tabak und Zeitschriften [keine Radläden, keine Haarstylisten, nicht eine einzige Boutique, keine Dönerbude, kein einziges Bistro, kein Reklameständer auf dem Trottoir]. Aus den Kellern stiegen die Kohleträger, schulterten die Kohlesäcke auf den Schulterschurz, warfen sie auf den Dreiradlaster oder stiegen mit der Kohlenkiepe auf dem Rücken ins nächste herabgekommene Haus [noch keine Türken]. Keine Pferdewagen mehr. Viel mehr Autos hier als nur VW-Käfer. Opel, Borgward, Mercedes, silberne Dekawuppdich.

Und dann war E in der Glogauerstraße. Er sprach auf der Bühne, die Prüfer unten und im Dunkeln. E roch seinen Interzonen-Schweiß. Stellte die Füße mal vor, mal zurück, wie Balsereit es ihn gelehrt hatte, verhaltene Gesten wie bei Ernst Deutsch, aber die volle Modulation der Sprache, als wäre er Horst Caspar, Gretchens von Balsereit eingeschliffenes »Ach neige«, Spiegelbergs Hassrede aus Schillers »Räubern«, II. Akt, 3. Szene, und die Mary aus Eugene O'Neills »Eines langen Tages Reise in die Nacht«, IV. Akt: »Ich spiel jetzt so schlecht. Ich bin ganz aus der Übung gekommen. Schwester Theresa wird furchtbar mit mir schelten. Sie wird sagen, dass es meinem Vater gegenüber nicht fair ist, weil er so viel Geld für Privatstunden ausgibt. Sie hat vollkommen recht, es ist nicht fair, denn er ist gut und großzügig und so stolz auf mich. Von jetzt ab will ich jeden Tag üben. Aber irgendetwas Schreckliches ist mit meinen Händen passiert. Die Finger sind so steif geworden. – *Sie hebt ihre Hände, um sie erschreckt und verwirrt zu untersuchen.*«

Gut, schon gut. E war angenommen.

E lernte in der Glogauerstraße szenische Phantasie, Fechten, Atemtechnik, Pantomime, Gestik und Mimik, Theatergeschichte. Aber das war nicht das Entscheidende, das er in Berlin lernte und das ihn schon bald aus Berlin fliehen ließ. Das Entscheidende war Isabell.

E suchte die Bücher. Die Westberliner Antiquariate in der Lutherstraße, auch in der Motzstraße – in dem Haus, in dem er schon einmal gewohnt haben musste, war nun ein Lokal mit Musik – waren ihm zu teuer. Er fuhr lieber zum Alex, den er aus Döblins Roman kannte. Aber anders als beim ihm auch aus der Literatur bekannten Ku'damm waren von Döblins Alex nur noch halbe Häuser und Häuser übrig, die wie alte Eckzähne im abgeräumten Trümmerfeld standen [keine Weltuhr, kein Fernsehturm]. Da gab es Buchhandlungen mit billigen neuen Büchern, die nicht nach Alter und Keller stanken; allerdings nach Desinfektion. Hegels »Ästhetik« aus dem Aufbau-Verlag kaufte E dort und Lessings »Hamburgische Dramaturgie« von Reclam-Leipzig, »Printed in Germany« auf schlechtem Papier. Den Hegel hob er sich auf, den Lessing las er sofort. In einer Westberliner Buchhandlung stahl er sich den ersten Band von Blochs »Das Prinzip Hoffnung«. Er hatte nicht widerstehen können. Es war ein prächtiges Buch mit dickem weißen Papier und doppeltem Schutzumschlag. Suhrkamp, nicht SBZ. Er wurde nicht erwischt, als er den schweren Band unter seinen weiten grauen Pullover stopfte und unauffällig hinausging, aber er wusste, dass er ein pochend rotes Gesicht hatte, dann rannte er los, über den Ku'damm, panisch hindurch zwischen schlendernden Damen mit Pudeln und Windhunden, bis er in der Untergrundbahn verschnaufte, aber noch einmal Treppen und Bahnsteige wechselte, um mögliche Verfolger zu täuschen. Schließlich stand er im Aschinger, aß die Erbsensuppe, die umsonst gereichten Brötchen und schlug den dicken gelben Band auf. Er blätterte, zunehmend wütend werdend. Er mochte diese permanente Schelte von Bloch nicht, von dem im Westen so viel die Rede war. Ihn ärgerte, dass Ernst Bloch das »bürgerliche Sein« »einer niedergehenden alten Gesellschaft wie der heutigen im Westen« allein verantwortlich machte für Angst, Furcht, die »Ausweglosigkeit«, das »Leergewordene«, »das Unaushaltbarste«, das »Unerträgliche«, während der Osten wohl die Patente für die »ursächliche Abstellung der Furcht-Inhalte« besaß. E holte sich noch einen Teller Erbsensuppe und blätterte enttäuscht weiter. In Ostberlin hatte er niemanden gesehen oder getroffen, auf den Blochs Propaganda gepasst hätte. Alles grau. In Ostberlin hatte E stets etwas Angst. Man warnte einander vor den Männern in langen Mänteln, die auch in den Buchhandlungen standen, aber einen Westdeutschen unbefragt ausreisen ließen, während der westdeutsche Zoll in der s-Bahn lauerte, dem aber Bücher egal waren. Verheißungsvoller begann der zweite Teil des »Prinzip Hoffnung«: »Vom Dass des Drängens kommt kein Lebender los, so müde er auch davon geworden sein mag.« Den Satz strich E an. Aber dann wurde nur in Trieben gewühlt, mit Freud, mit dem »Faschisten« Jung, alles nur Sex, Tod, Macht. Traum, Kunst, Religion, Kreativität schienen Bloch nur süchtig machende Verdrängungen für bürgerliche Pubertierende zu sein. Da beendete E die Lektüre. Er gab sich ganz Lessing hin. Keine Triebschlammschlachten, sondern intellektuelles Ringen um die richtige Kunst, Geist, Vernunft, Analyse, klare Rede. Jeden Abend las er in der »Hamburgischen Dramaturgie«, legte sich zwei als Register bezeichnete Hefte an, in denen er Stichworte zu Lessings Stücken und in diesen behandelten Theaterstücken schrieb und ein Namensverzeichnis anlegte. Den Rand der Seiten schnitt er sich sorgfältig aus, abgestuft von A bis Z. Allein zu Aristoteles trug er 31 Belegstellen ein.

Kein Geld für die Dicke Wirtin, die Peter ihm empfohlen hatte, der bei ihr abgerutscht war, nachdem er sich vergeblich an der Berliner Hochschule für bildende Künste vorgestellt hatte. Der Kegelschein der Leselampe mit ihrem aus abwaschbarem Plastik gefalteten Schirm, an dem braune Troddeln hingen, war seine Welt, in der er die Etüden eines japanischen Klaviereleven in der Wohnung über ihm, das asiatische Geschreie aus dem Hinterhaus überhören konnte und den Hauswart, der mit einem Spaten den Unrat, das Glas in den blechernen Mülltonnen zerstampfte. Von allen, die ihm etwas zum Geburtstag oder zu Weihnachten schenken wollten und sich das leisten konnten, erbat er sich einen Band von Goethes Hamburger Ausgabe. Für den Band mit den Schriften zur Kunst legten die Ottos, Jürgen und Peter zusammen. E revanchierte sich mit einem

Holzfässchen auf Ständer und mit Drehzapfen, das er mit Portwein gefüllt und aus Berlin mitgebracht hatte zu Silvester. So was hatten die anderen Verlorenen noch nicht gesehen. Typisch Berlin. Als sie zu Silvester das letzte Mal alle zusammen im Heisterkämper Krug erzählt und debattiert hatten, tranken sie das Fässchen leer in Ottos von hinten Bücherverschlag neben dem elterlichen Keller mit Kohlen und Kartoffeln. Sie schlürften den Wein aus Süßweingläsern, alten bunten, die Otto von vorne von seiner Großmutter mitbrachte, und neuen, in die Trauben und Ranken geschliffen waren, die sich Es Mutter irgendwann, als man aus dem Gröbsten heraus gewesen war, aus dem Dortmunder Althoff, in dem Abriss-Ausverkauf war, mitgebracht hatte.

E verdiente sich abends und nachts Geld in Wangs Lokal nahe dem Westkreuz. Das Nanjing war in einer einst von den Amerikanern requirierten Villa, auch hier noch Einschusslöcher und die verblassenden weißen Pfeile des Luftschutzes, manche der Hintergebäude waren weggebombt, nicht alle Trümmer weggeräumt. Vor dem Eingang eine geschwungene Balustrade mit vier Stufen, die eine Seite der Balustrade war ersetzt worden durch ein Holzgeländer, das in Dunkelrot gestrichen war. Hinter dem Windfang stand ein kleiner weißer Löwe als Türwächter, sehr gedrungen, von den feisten Tatzen eine erhoben auf einem Stein. Man betrat auf übereinandergelegten Teppichen den Speiseraum, dessen Decke, unter der rote, in dunkelbraune Stäbe gefasste Lampen glommen, niedrig gehängt worden war. Schwarze Tische, schwarze Stühle, rote Kissen. An den Wänden hingen Fotos von Tschiang Kai Schek, von der Verbotenen Stadt, von Nanjing und von Wang, inmitten einer Gruppe um Tschiang. Die Küche war im Keller. Die Speisen wurden mit einem Aufzug, von Hand bedient, hinaufgezogen, das schmutzige Geschirr kam so auch zurück. Die Klappen des Aufzugs waren sorgfältig zu schließen, damit das Reden, auch Brüllen von unten nicht ins Erdgeschoss dringen konnte. E hatte aus den Tabletts mit dem schmutzigen Geschirr die mit roten Drachen gesäumten Stoffservietten zu klauben, die Zahnstocher, die in die Teller gedrückten Zigarettenkippen, die Speisereste in einen Kübel zu wischen und das Geschirr in einem Wannenbecken aus rotem Speckstein abzuwaschen, vorsichtig, um nichts vom zarten chinesischen blauen und roten Porzellan mit Goldrand zu zerbrechen. Um das Besteck und die Gläser kümmerte sich ein junger Chinese, der gerade erst emigriert war und kein Deutsch verstand.

Wang hatte, als er in den frühen 50er Jahren nach Deutschland gekommen war, Kontakt mit Es Vater aufgenommen, der Wang vor dem Krieg in Leipzig Deutschunterricht gegeben hatte. Wang war ein kleiner, höflicher, immer lächelnder Mann, der neben Deutsch auch Englisch sprach. In Tschiangs Stab war er zuständig für den Westen gewesen. Er war Methodist wie Tschiang, war aber, nachdem Tschiang endgültig gegen Mao und die Volksbefreiungsarmee verloren hatte und nach Taiwan ausgewichen war, Tschiang nicht gefolgt. Das Nanjing lief gut. Es aßen dort sichtlich nicht arme Männer mit Frauen, die sich gerne drehten, wenn Wang sich reckte und ihnen den Mantel abnahm. Viele amerikanische Offiziere. Zum Schluss hielt Wang seine Gäste frei mit Maotai und einer Sauer-Scharf-Suppe, die manche Dame ausspie, wozu Wang lächelte. Die Männer schluckten tapfer und laut. Als sie zu den Taxen gingen oder zum Jeep, saßen den Männern die steifen schwarzen Melonen und die goldbestückten Schirmmützen schief, den Damen rutschten die Füchse vom Hals und auf ihren Cocktailhütchen tanzte das Rosshaar. Die Taxen fuhren mit Hallo davon. E schleppte die Kübel ums Haus, ein lustiger amerikanischer Offizier hielt E seiner Haare wegen für einen Iren und rief ihm »Hallo Paddy« zu.

Wang zahlte E nicht schlecht. Zudem hatte er E ein Zimmer angeboten in einem großen Haus, das von Ausländern bewohnt und voll war von den Gerüchen aller Herren Küchen. E traf seine Mitbewohner am ehesten auf halber Treppe, wusste aber nie, ob das Chinesen, Japaner, Mongolen oder Koreaner waren. Als E nicht mehr in Berlin bleiben wollte, weil er in der Glogauerstraße ausgelernt hatte und weil, mehr noch, Isabell nach Wien abgereist war, gab er den Job auf, der ihm deswegen ein paar Mal Ärger eingetragen hatte, weil er, nach einer Lessing-Nacht, nach Fecht- und Tanzübungen in der Glogauerstraße, eingeschlafen war in der s-Bahn und erst an der Endstation Potsdam aufgewacht war, was gefährlich war, denn die Einreise in die SBZ war verboten. E wurde aber nie erwischt. Er fuhr im selben Zug zurück zum Westkreuz. E hatte in Hamburg vorgesprochen und war genommen worden.

Isabell und Thomas waren Gäste aus Wien in der Glogauerstraße. Als Probe ihrer Ausbildung gaben sie auf der Studiobühne des Hauses Szenen aus Schillers »Kabale und Liebe«, Ferdinand von Walter und Lady Milford. Ferdinand wurde von seinem Vater, dem Präsidenten, gezwungen, Lady Milford, die Mätresse des Herzogs, zu heiraten. Getroffen in seiner Ehre, voller Verachtung für die Mätresse und verliebt in Luise Millerin, eilt er wütend zu Lady Milford, um ihr den Spiegel vorzuhalten, sie zu demütigen. Es kommt anders, als sich das der »Starrkopf von Sohn« gedacht hatte: Die Lady erzählt ihm ihre fürchterliche Geschichte, die sie in die Fänge des Herzogs trieb, und was sie tat, um gegen die männliche Gier und Gewalt Milde, Mitleid, Menschlichkeit durchzusetzen. Ferdinand ist beschämt. Es kommt noch ärger: Die Lady gesteht Ferdinand ihre Liebe, woraufhin Ferdinand der Lady eröffnet, dass er in eine Bürgerliche verliebt sei.

Während Thomas und Isabell auf der Bühne sprachen, wenig gestikulierten, saßen die andern unten, die einen kritisch zurückgelehnt, die andern, auch E, vorgebeugt, die Ellenbogen auf den Knien, die Fäuste unters Kinn gestemmt. Und alle rauchten. Sie kannten die Schallplatte mit der Aufnahme dieser Szene von den Salzburger Festspielen, Will Quadflieg sprach den Ferdinand Walter, Heidemarie Hatheyer die Lady Milford. Isabell, dachte E, übertrifft fast noch die Hatheyer an Kunst zu verzögern, langsam und ruhig zu sprechen, mitklingen zu lassen, dass sie innerlich bebt, dann plötzlich hohe Töne zu setzen, erregte Betonungen. Sie redete gefasst in kühler Vernunft, aber aus tiefster Seele. E war überwältigt: »Höre, Walter – wenn eine Unglückliche – unwiderstehlich an dich gezogen – sich an dich presst mit glühender, unerschöpflicher Liebe – und du jetzt noch das kalte Wort Ehre sprichst – wenn diese Unglückliche – des Lasters überdrüssig – sich so – in deine Arme wirft – durch dich gerettet – durch dich dem Himmel wieder geschenkt sein will, oder, deinem Bild zu entfliehen, in noch abscheulichere Tiefen hinunter taumelt –
FERDINAND nein! Bei Gott! Ich muss Ihnen ein Geständnis tun!«

Und dieser Thomas-Ferdinand sagte das, als bestelle er Fiakergulasch mit Sacherwürsteln. Er versucht nicht einmal, dachte E, Will Quadflieg auch nur ein Gran nachzuahmen. Seine Brylcreem-Frisur saß ihm wie ein falsches Toupet. Nichts war Thomas von dem, was er sprach, zu glauben. Der Lady zugewandt, schielte er auf seine Lackschuhe, von denen geklatscht wurde, dass er sie mit Lammfell wienere. Blaue Samtjacke, rote Fliege. Eine Blase, die nicht wusste, was sie sprach. Eine Sprechkultur wie bei der Zeitansage. Die Lady in ihrer Zerrissenheit umso tragischer. In E war das Feuer geschlagen. Er bat Isabell, bevor sie nach Wien zurückkehrte, um einen Abschiedstag.

Es war ein richtig schöner Berliner Tag, blau, aber nicht heiß, leichte Briesen aus dem Osten. Die Wolken weiß, ballten sich aber nicht, zogen flach über den hohen Himmel wie Schleier, die das Blau zu unterstreichen hatten. Die Alleen rochen nach den giraffenhohen Akazien. Die gelben Busse blitzten. Die Füße waren leicht. Sie trafen sich beim blau-weißen Aschinger in der Joachimsthaler. Eine Terrine Erbsensuppe, Brühwurst, Brot satt. E lud Isabell auf die Terrasse des neu erbauten Kranzler-Ecks ein; der letzte Schrei. Es gab nur Kännchen Kaffee, das kostete fünf Mark; weit mehr als ein Stundenlohn bei Wang. Aber mit echter Sahne im bauchigen Schnabeltöpfchen. Doch leider war der Kaffee weit entfernt von einer Wiener Melange. E liebte, wenn Isabell mit ihrer bedachtsam aus dem Mund fahrenden Zunge die Sahne von der Oberlippe leckte. E trug seinen Lieblingspullover und die feine Hahnentritt-Hose, das lichte rote Haar nach hinten gekämmt, die Stirn hoch und frei, einen Arm über die Sessellehne gehängt, die andere Hand über dem silbernen Aschenbecher, in den er, nervös und befangen, unentwegt die Asche schnippte. Er mochte Isabells strenge Stimme. Sie konnte auch auflachen, als sie sich über die Passanten lustig machten, die blasierten Paare, die Trupps aus Westdeutschland mit ihrem Schwäbisch, Bayrisch. Sie verglichen sie mit Rollen bei Molière und in der Commedia dell'arte. Isabell fügte Raimund und Nestroy hinzu. So trugen sie Ehebrecher zusammen, Trunkenbolde, dichtende Eigenbrötler, nervenkranke Männer, dicke Witwen, brutale Knaben, verstörte Mädchen und viele stolpernde Stoffel, das ganze Volksvieh. Wenn Isabell lachte, fiel ihr das dunkle Haar über die Augen. Gefiel ihr ein Einfall besonders, klatschte sie in die Hände. E zahlte der Kellnerin mit dem weißen Schürzchen generös zu viel. Aufgekratzt wollte E Isabell zum Rolltreppenfahren im KaDeWe überreden, doch Rolltreppen hatte Isabell in Wien genug. Auch die Fahrstühle in den Treppenschächten der herrschaftlichen Häuser, die nahe dem Savignyplatz den Krieg überstanden hatten, in die man sich zwängen musste hinter zweifach zu verschließenden Gittertüren, imponierten Isabell nicht. Davon hatte der 1. Bezirk in Hülle und Fülle. Also zum Grab von Kleist und Henriette an den Wannsee. Aber da war Isabell schon mit der Leitung der Glogauerstraße gewesen, die befreundet mit ihrer Familie war. Zusammen mit Thomas. E strich die Rezitation, die er sich ausgedacht hatte für Kleists Grab, den Dorfrichter Adam, wie ihn Emil Jannings gegeben hatte. Wenigstens konnte er Isabell nach Kohlhasenbrück nötigen. Ein Lieblingsort. Kaum Menschen dort. Eingezwängt in die Grenzen, blieb nur Besinnung, Konzentration. Da memorierte E gern. Sie saßen unter der Eiche und E erläuterte die »Hamburgische Dramaturgie«. Isabell war interessiert, doch E merkte, wie ihre Augen schlierig wurden vor Müdigkeit. Sie schwiegen. Isabell schlief ein wenig an seiner Schulter. E wagte nicht, sich die juckende Wade in seiner Hahnentritt-Hose zu kratzen. Das Einzige, das E hörte, war Isabells Atem. Was er roch, war sie. Den Kopf konnte er nicht drehen. Das Einzige, was er sah, war der Berliner Himmel. So saßen sie lange, bis ein Arbeiter kam und in ihrer Nähe seine Stulle aß.

[**Konstanz. Der Drang nach draußen.** Wäre es E vergönnt gewesen, in den 80er Jahren des vergangenen Jahrhunderts durch Münsters Kuhviertel zu streifen, wäre er verblüfft gewesen: »Das Man«, das sich in den Altbierschenken der Pfahlbürger verschanzt hatte, und das »Anti-Man«, das sich in Westdeutschlands erster Studentenkneipe auf Oma-Sofas drückte, waren vereint. Bunt gemischt saßen alle auf den Bürgersteigen. Was war geschehen? Eine beliebte kultursoziologische These behauptet, dass der Gebrauch der digitalen Medien den Gegensatz von öffentlich und privat neu definiert, wenn nicht gar aufgelöst habe. Das überzeugt angesichts einer unabsehbaren Spirale von öffentlichen Selbstinszenierungen in

Wort und Bild, selbst Ton. Intimitätsbruch ist das Stichwort dafür. Es überzeugt nicht; denn E hätte bestaunen können, dass sich der Intimitätsbruch im Drang nach draußen längst vor der Digitalisierung vollzogen hatte. 364 Tage im Jahr sitzen die Leute vor den Restaurants und Cafés, winters unter Heizstrahlern und Gasflammen, und jedes Jahr kommt ein weiterer Tag dazu. Alles soll vor aller Augen geschehen. Kommt ein Regenschauer, sitzen die Leute in den Fenstern der sich sturmfluthaft vermehrenden Cafés, die Beine angezogen. Dem entspricht, dass seit den späten 1980er Jahren alte Häuser mit Balkons ausgestattet werden, zuvor schon Fußgängerzonen eingerichtet wurden, um sie zuzustellen mit Tischen und Stühlen, mit Ständern voller Kleidung, Namenstassen, Ledertaschen.

Auch in Konstanz wurde es üblich, bei Festen das Innen nach außen zu tragen, den Küchentisch auf die Straße zu schleppen und mit Bierbänken zu säumen. Und das ausgerechnet beim stopfevollen Seenachtsfest. Es war nicht meine Schuld, dass ich in der Inselgasse so bedrängt wurde, dass ich kopfüber auf mehrere Teller mit Spaghetti stürzte. Vor lauter Tomatensoße sah man mein Blut nicht. Aber es schaute sowieso niemand her. Am Schänzle, einem Ufersaum am Rhein, hatten zuvor allenfalls vier alte Einheimische für ein halbes Stündchen den Sonnenuntergang bestaunt. Nun saßen hier nicht nur die jüngeren Leute in Dreierreihen von nachmittags bis Mitternacht und tafelten, trommelten, grillten, erschlugen Mücken. Als ich mich auf den letzten freien Platz in der zweiten Reihe zwängte, setzte ich mich in die Scherben einer französischen Rotweinflasche und dazu noch in eine Tupperware-Schale mit Resten von Belugalinsensalat. Niemanden kümmerte es. Alle waren sich allein ihre eigene Welt. Das geschah am 18. Juni 1996. Beim Public Viewing in der gedrängten Hafenhalle spielte mein kräftiger Nachbar jeden Elfmeter und Freistoß mit. Ich hatte nicht beobachtet, dass die Wirte dazu gelernt hatten und, nachdem nächtens geklaut worden war, was sich wegschleppen ließ, Tische und Stühle ankketteten. Ich notierte so intensiv, dass ich nicht merkte, wie ich verkettet wurde. Die Nacht war kühl geworden im Stadtgarten. Das Ärgste aber widerfuhr mir, als ich mich, um den neuesten Drang nach draußen zu beobachten, am Hafen unter die vielen mischte, die sich zusammengerottet hatten, weil sie die Stunden des Jahreswechsels nicht mehr in oder vor ihrem Haus feiern wollten. Der Münsterturm strahlte, die Glocken läuteten tief, vom See her tutete die Weiße Flotte im Chor. Und mir schoss ein heulender Kracher durch den Mantel und durch die Hose ins Bein. Keines meiner Notizbücher bremste die Granate. Ich schrie. Es wurde nicht gehört. Das war 1995. Mit meiner schmerzhaften Empirie kann ich die These zurückweisen, Digitalisierung und Globalisierung hätten erst im neuen Jahrhundert zur Aneignung der öffentlichen Räume durch die Menschen geführt. Zuvor habe niemand im Bonner Hofgarten gegrillt, behauptet der nun Regensburger Professor. Aber im Kölner Grüngürtel schon lange zuvor. Mehr stimme ich Friedrich Krotz zu, der den zu leicht und locker behaupteten ursächlichen Zusammenhang zwischen sozialem Wandel wie dem Drang nach draußen und der Medienrevolution als irrig zurückweist. Es ist so eine Sache mit dem Erklären von Geschichte.]

Sie fuhren über die Havel, saßen an der Pfaueninsel, die zu besuchen keine Zeit mehr blieb. Saßen auf der Anlegestelle und baumelten mit den Schuhen über dem Wasser, das seine Farbe änderte, weil die Sonne sank und die Schatten länger wurden. E beschrieb die Statue, die Friedrich Wilhelm IV. für Mademoiselle Rachel errichten ließ, wie sie weiß und erhaben dasteht in Gewändern, als spiele sie Racine oder Corneille, die Hand am Kinn, von einer Haube wie gekrönt, die größte Tragödin des 19. Jahrhunderts, Petersburg, Wien, Vereinigte Staaten, Ägypten, Berlin, wo Gottfried Keller sie sah, der sie den »größten Künstler, den ich kenne«, nannte. Viele Männer, keine Heirat. Lungenkrank und mit 27 auf den Père Lachaise, unweit von Heinrich Heine, der zwei Jahre zuvor gestorben war. Genug Berliner Theatergeschichte. Was konnte E Isabell noch bieten, was Thomas und die Schauspieldirektoren nicht schon geboten hatten? Wang freute sich und hielt sie frei. E warnte vor Speisen, deren Zubereitung in der Kellerküche er zu genau kannte. Am Nebentisch saß ein Herr mit Hut, der, wenn er nicht schon gestorben wäre, Gottfried Benn hätte sein können. E hatte mehrmals vor dem Haus in der Nähe des Bayerischen Platzes, in dem Benn geschrieben und praktiziert hatte, gestanden. Der

Herr am Nebentisch hielt sich die Ohren zu und rief, man möge diese impertinente chinesische Musik abstellen. Es lief aber überhaupt keine Musik. Wang brachte den Schnaps und legte nachgemachte chinesische Glücksmünzen neben ihre Teller. Und noch einen Schnaps. Jetzt nur keinen Fehltritt auf der geschwungenen Treppe. Während sie auf die s-Bahn warteten, spielte E Isabell vor, wie Klaus Kammer in der Glogauerstraße Kafkas »Bericht für eine Akademie« vorgestellt hatte. Der Affe am Pult, der Affe auf dem Pult. Es gelang ihm nicht. E versagte kläglich. Es war kühl geworden, und Isabell schlug die Arme um sich. [Von einer Berliner Nacht mit Isabell war erst später zu erfahren.]

Hamburg I

(4-I-62 bis 15-III-62)

Tagebuch – für wen geschrieben? Wer schaut dir beim Schreiben über die Schulter, wirklich du selbst, denn wer bist du?

E ist an der Schauspielschule in Hamburg angenommen worden. Isabell, die ihre Ausbildung dort begonnen hatte, bevor sie in ihre Heimatstadt Wien zurückgekehrt war, hatte ihn empfohlen. Seine Berliner Ausbildung machte die Prüfung leicht. Puppig hätte Peter gesagt. Er hatte ein unter Schauspielschülern herumgereichtes Zimmer unter dem Dach eines Reihenhauses in Fuhlsbüttel gemietet. Der Vater schoss monatlich 150 DM zu Miete und Schulgeld zu. Möbliert: zwei Betten, ein kleiner, ein großer Tisch, zwei Stühle, ein abgeschabter Cocktailsessel unter der Stehlampe, deren Schirmtüten über den Birnen angeschwärzt waren. Ein hölzernes Radio mit magisch-grünem Auge im verstaubten gelben Gitterstoff, der bei Bässen bebte. An den Wänden angeleimte Puzzlespiele: Husum und Lüneburger Heide. Silberfische. E streute E 605 und sprühte DDT an die aufgebrochenen Ränder und in die Löcher des Linoleums. Über das Haus brummten so tief die Propellermaschinen, dass die Dachpfannen klapperten, die zwei Tassen, die zwei Teller auf dem Bord. Kein Eisschrank, keine Dusche, kein Warmwasser. E wusch sich und seine Sachen im schmalen Becken auf dem Klo. Der Wasserhahn war weiß von Kalk, grün vom Span und tropfte. Der Gummistopfen hielt nicht dicht. E war's zufrieden. Was zu kühlen war, hing in einem Netz aus der Dachgaube. In der stand er und rauchte hinaus, nicht zu lange, denn der Kerosingestank zog ins Zimmer, schaute über die abgetakelten Gärten zu den Flugzeugen, in denen die Piloten in den Kanzeln zu sehen waren, und zog den Kopf zwischen die Schultern, wie immer, wenn er Flugzeuge über sich hörte. Die Siedlungshäuschen waren einstöckig, aufgeschnürt zwischen den Gärten, die nun brach lagen, einzelne Kohlstrünke, Hasenställe, die hohen Rosen unter alten Kartoffelsäcken. E fuhr mit der Bahn von Fuhlsbüttel Nord zum Jungfernsteig, wo die Bahn endete. Über dem welken Strauchwerk in den Vorgärten lag Tannengrün, manchmal noch mit verbliebenem Lametta. Die wenigen verharschten Schneehaufen mit dunklen Kronen an den Rändern der Bürgersteige waren weniger vollgekackt von Hunden als in Berlin.

[**Fensterkultur:** Ich war in Fuhlsbüttel, fand aber nur die Gegend, nicht das Haus, in dem E gewohnt hatte, weil in Es Tagebüchern keine Adresse vermerkt war; ein Briefwechsel ist nicht erhalten. Ich war in Fuhlsbüttel auf einer meiner vielen Reisen durch die alten Bundesländer, auf denen ich meine Hypothese zur Fensterkultur überprüfen wollte. Ich nannte meine Hypothese die Hollandisierung der westdeutschen Fenster. Sie war angestoßen worden durch die Erfahrungen, welche die Verlorenen auf ihrer ungeplanten Fahrt nach Huis Doorn gemacht hatten, als sie staunten, dass in Holland abends keine Gardinen zugezogen und keine Rollläden heruntergeknallt wurden. Und als die Verlorenen da so standen vor den durchsichtigen Häusern hinter dem Deich und staunten, kam eine junge Frau vorbei und knurrte: Rotmoffen, altijd gordijnen dicht. Die Hypothese besagte, dass etwa ab 1970 mit der alten Tradition der die Fenster verhüllenden Kombination aus Untergardine und schwerer Übergardine aus dunklem Stoff, der tagsüber mit einer Schlaufe zur Seite gerafft wurde, gebrochen wurde und dass die Fenster frei wurden, dass die Blicke klar heraus- und hereingehen konnten. Kühner war noch meine Annahme, dass sich am Wandel der westdeutschen Fensterkultur ein neues Verhältnis von Innen und Außen, womöglich eine neue Selbstprojektion formierte, die mit dem Modernisierungsschub der 60er Jahre zu tun hatte, mit dem die Nachkriegszeit, in der die Verlorenen gelebt hatten, beendet worden war. Die Vermutung entstammte meiner eigenen Erfahrung, als ich in einem studentischen Viertel lebte, in dem jegliche Gardinen entfernt worden waren. Um diese Ideen über die Geschichte der Fensterkultur der Bundesrepublik zu verifizieren und signifikant zu machen, fuhr ich nicht nur nach Fuhlsbüttel, sondern auch nach Osnabrück, nach Gammertingen und Much, nach Braunschweig und Königstein, nach Ziegenhain, Ochsenhausen, Rheine, Singen am Hohentwiel und Duisburg-Ruhrort – unter anderem. Dabei stellte ich fest, dass sich meine Hypothese nur partiell bestätigte. Ich sah zwar die Hollandisierung. Ich sah aber auch die Halbhollandisierung, die darin besteht, dass halbhoch quer über die Fenster weiße Häkelbänder gespannt waren, auf denen Vögel, Pferde, Bäume, Mühlen, Bauernhäuser, Blumen abgebildet sind. Ich musste mir schließlich eine Viertelshollandisierung eingestehen, bei der unterhalb der Halbgardine die Fensterbänke vollgestellt waren. Je nach Milieu mit Büchern, Flaschen, aufgebogenen Disketten, Geschirr oder auch erbleichten Mainzelmännchen und Muranoglas, echten oder unechten Orchideen und Amaryllen, mit immergrünen Kakteen nur in bestimmten Straßenzügen. Ich gab die Verifizierung meiner Hypothesen auf. Die Idee, an der Fensterkultur signifikant den kulturellen und sozialen Wandel der Bundesrepublik ablesen zu können, musste verworfen werden. Ich tat das nicht gerne, denn das ewige Anything-goes der beschworenen Postmoderne geht gegen meine Überzeugung, dass historischer Wandel strenge Muster habe, durch die unsere Vorfahren wie auch wir als Zeitgenossen viel mehr determiniert sind, als wir uns das eingestehen. So wie man nach einiger wissenschaftlichen Übung jedes noch so große Kunstwerk und Individuum exakt datieren, lokalisieren und zuschreiben kann.]

Peter war mit nach Hamburg gefahren. Es Bruder steuerte den schwarzen vw-Käfer der Mutter. Der Vater hatte nach dem Krieg den Führerschein zurückgegeben, weil er als Schirrmeister beim Polenfeldzug mehrmals in der Kolonne aufgefahren war und dann als Hauptmann einen Fahrer gehabt hatte. Polen war 1939 die erste Auslandsreise des Vaters, als er 29 Jahre alt war. E kam wenigstens außer nach Huis Doorn noch nach Wien. Sie fuhren durch die Nacht über Landstraßen, wo ihnen kein Auto begegnete. Es war kalt im Käfer, sie hatten sich Decken umgewickelt. Die Heizbirne tat ihren Dienst unregelmäßig. Peter und E waren eingeschlafen. Peter saß hinten. E neben seinem Bruder. Sein Kopf war nach vorne und zur Seite ans Fenster geknickt. Es Bruder wusste um die Gefahr, Genickbruch. Um wenigstens das Schlagen von Stirn und Wange an die eiskalte Scheibe zu dämpfen, schob der Bruder, während er mit einer Hand weiter steuerte, seine Decke um Es Kopf und Schulter. Der Bruder rauchte und schnippte seine Asche vorsichtig aus dem nur einen Spalt geöffneten vorderen dreieckigen Seitenfenster, damit die Asche, vor allem nicht seine glühende Kippe, wieder hineingesogen werden und in Peters Haar wirbeln konnte. Während der Fahrt öffnete der Bruder gelegentlich die Fahrertür, streckte seinen Schuh hinaus, um auf der Fahrbahn zu prüfen, ob sie glatt gefroren sei. Das schwache Scheinwerferlicht schlug nur einen kurzen Kegel in die Dunkelheit. Der Käfer gehorchte dem Gaspedal nicht mehr. Vergeblich versuchte der Bruder, den Hahn für den Reservetank mit der Schuhspitze umzulegen. Vielleicht gab es auch einen anderen Grund, dass der Käfer nur noch ruckelte und bockte. So recht war der Tankuhr nicht zu entnehmen, wie viel Benzin noch verfügbar war. Vielleicht was mit dem Keilriemen. Das Auto blieb stehen. Die andern schliefen weiter. Im letzten Scheinwerferlicht flog von einem der schrägen Basaltklötze der Bankettbegrenzung eine große Eule auf, schwang auf das Auto zu und zog so nah vor der Windschutzscheibe hoch, dass der Bruder den Flaum in der Kehle unter ihrem kurzen, aber mächtigen Schnabel erkennen konnte. Als es hell wurde, schoben Peter und E den Wagen an, der wieder in Schwung kam. Alle drei hatten rote Nasen bekommen und froren.

Peter war mitgefahren nach Hamburg, um endgültig von zu Hause abzuhauen, von den Adoptiveltern, der miefigen Werkkunstschule. In Hamburg legte er seine Mappe einem Akademieprofessor vor. Alles Mist, sagte der, kein Potenzial sichtbar, keine Entwicklungsmöglichkeit. Peter solle ein Jahr lang Naturstudien machen, Aktzeichnen, sich einen Formenreichtum erarbeiten, dann könne er vielleicht wiederkommen. E sagte es Peter nicht, aber er fand das Urteil richtig. Peter kritzelte so vor sich hin, schwarz-weiß, dünner Tuschestrich, kleine Formate. Peter, schrieb E, lebe zu allein, habe keine Verpflichtungen, er halte sich für einen nur aus sich schaffenden Modernen. Peter sei als Künstler nur Nerven und empfindsame Außenhaut, ihm fehle die Substanz. *Die Bleigewichte an der Seele fehlen ihm, seine Originalität ist minutiös, nicht explosiv, sie ist spinnig, so sieht er auch aus.* Peter fuhr zurück ins ungeliebte Zuhause. Sein Hamburger Freiheitsabenteuer war aber nicht ganz fehlgeschlagen; ein zweiter Professor hatte ihm geraten, sich in Düsseldorf zu bewerben. E begleitete ihn an den Zug und drehte ihm Zigaretten für die Heimfahrt. Sie hatten sich Nescafé-Tübchen gekauft und brühten sich im kalten Altonaer Bahnhof mit dem Taschentauchsieder Kaffee in ihre Tassen. Peter hatte E zum Dank, ziemlich grinsend, zwei Tassen geschenkt; darauf sehr bunt und dick das Rathaus und das Bismarck-Denkmal. Es waren noch keine Zeiten für Umarmungen, sonst hätten sie sich umarmt. Sie gaben sich, beide rauchend, die Hand. Sie winkten nicht, sie gingen, beide rauchend, ihrer Wege.

[**Matthias Horx,** Trend- und Zukunftsforscher, Dezember 2014 und passim: »In wenigen Jahren wird das Suchtverhalten mit den elektronischen Medien so sanktioniert sein wie das Rauchen. Man wird dann als ungebildet und charakterschwach gelten, wenn man auf sein Smartphone starrt. Und an vielen Orten wird die Nutzung elektronischer Geräte verboten sein.« Ist das erforscht oder gewünscht? Im Krieg war Rauchen ein Überlebensmittel, auch für meine Mutter. In »Vincent, François, Paul und die Anderen« (1974) reicht Michel Piccoli seinem Freund Yves Montand, dem er, der Arzt, nach einem Kollaps das Rauchen verboten hat, eine Zigarette, damit sie wieder vergnügt würden in all den Sorgen. Als ein Freund Anfang der 1970er Staatsexamen machte, rauchte er in der einen Stunde ein Päckchen Rot-Händle, während sein Prüfer, gewesener Soldat, sich mit fünf Reval begnügte. Was noch auffällt in alten Filmen: In »Go Trabi go« (Peter Timm, 1991) verirren sich drei Sachsen an die Münchner Isar, und als sie aufwachen, merken sie, dass sie am Nacktbadeufer gelandet sind, und sehen mehrere schöne Frauen, nackt, und alle haben einen kraus bebuschten Venushügel. Filme bieten einen Tigersprung in die Geschichte. Das ehemalige Zonenrandgebiet lässt sich in all seiner zeitvergessenen Tristesse nacherleben in Wim Wenders' »Im Lauf der Zeit« (1976): Zeitungsdruck, Filmvorführer, Anschläge am Brett des Polizeipostens, Fliegen in der Stube und gelbe, soweit ich mich erinnere, gedrehte Fliegenfängerstreifen, unter der Decke aufgehängt, das öffentliche Telefon in einem verlassenen Zimmer, angekündigt durch ein Emailleschild am Haus mit einem roten, wenn ich mich recht erinnere, Telefonhörer. Ich setze die Aufzählung nicht fort. Im Gegensatz zu Filmen und Fotos taugt Sprache wenig zur unmittelbaren Vergegenwärtigung des Vergangenen.]

Endlich eine Antwort, ein Brief von Isabell, herzliche Grüße zum Neuen Jahr, Mitte Januar, sie habe seine Adresse halb vergessen. Das »herzlich« glaubte E ihr; Isabell machte keinen Schmus. Aber was sollte er von dem

»halb vergessen« halten? Empfand sie für ihn mehr als Freundlichkeit? E hatte ihre innere hermetische Abgeschlossenheit für eine vorübergehende Entwicklungsstufe gehalten; sollte sie ihr *ureigenster Wesenszug* sein? E hatte sich für eine Aufnahmeprüfung am Wiener Reinhard-Seminar beworben, an dem Isabell studierte. Er bekam tatsächlich den Bescheid, die nächste Prüfung finde im Juni statt, das Semester beginne im Oktober. So lange würde es E nicht aushalten an der Schule der Kammerspiele; nur Briefe, nur Briefentwürfe. *Dass sie mich nicht liebt, ist zwar klar, aber trotzdem möchte ich in ihrer Nähe und ihr Freund sein. Ich kann sie nicht vergessen und will es auch nicht.* Vor der Aufnahmeprüfung in Wien hatte er keine Angst. Er spiele nicht mehr verkrampft, täglich springe ein Ring in seinem Inneren. Bei Eva hatte er gelernt, in eine Rolle zu schlüpfen und sie überzeugend darzustellen. Er glaubte nun nicht mehr, dass er bloß mittelmäßig begabt sei. Wenn er nur wüsste, was Isabell für ihn fühlte. *Aus ihrer großen Seele schenkt sie reine Sympathie an alle, die ihr sympathisch sind. Ohne Falsch ist sie von der größten, offensten Herzlichkeit, ohne sich dabei zu verpflichten.* Er liebte sie und würde sich ihr liebend gern ausliefern mit Haut und Haar. Kannte er Isabell? War sie lediglich die Projektion seiner Hoffnungen, seiner Selbstzweifel, die er immer noch nicht völlig überwunden zu haben schien? Sah er in Isabell nur sich? Er schrieb wieder einen Brief an sie und hatte den Eindruck, dabei fast ganz ehrlich gewesen zu sein. Wenn er nicht bald nach Wien käme, würde er vertrocknen, platzen oder verrückt werden. Nur eines half: sich hart an die Arbeit machen und nicht locker lassen, besser werden, bis er umfiele. Er schlief mal drei, mal dreieinhalb Stunden, probte den Zauberlehrling, versagte bei den Etüden und war sauer auf sich, so würde er in Wien nicht bestehen. Isabell hatte nicht geantwortet.

Der Hintern ging ihm auf Grundeis. War es nur eine Selbsttäuschung, dass er meinte, sein Spiel habe sich verbessert? Wieder nur Krampf und Steckenbleiben. Wenn er das nicht überwand, sollte er den Beruf aufgeben; dann war er einfach unbegabt. *Gestern tauchte der Gedanke an Selbstmord wieder auf, mit ganz den Begleitumständen wie früher. Vorhin den Mortimer geübt, es will mir einfach nicht gelingen, in eine Rolle einzusteigen, zu spielen, einmal das Bewusstsein zu verlieren, ich glaube, ich schaffe es nie. Wenn Isabell nur schriebe. Schreibt sie nicht, weil sie unglücklich ist? Wenn ich nur wüsste, was daraus noch wird; es wird gar nichts, denn alles ist schon vorbei.*

Den Mortimer geübt, grauenhaft. Nur Text geplappert. Auch eine Folge von *Evas Trugschluss*, eine Rolle allein von der Diktion her anlegen zu müssen. E musste dagegen lernen, in eine Rolle so einzusteigen, dass er die Angst vor Hemmungen verlor, dass er seinen Körper, seine Nerven zu einem jederzeit verfügbaren Instrument machen konnte. Wo *Lebendigkeit, inneres Drängen und Wollen* des Schauspielers nicht zur Entfaltung kam, klapperte nur noch das Handwerk. Plapperte man nur Text, blieb man in sich und subjektiv verkrampft. Man konnte nur aus seiner Subjektivität spielen. Aber man brauchte Impulse von einer überpersönlichen Macht, man musste über sich hinauswachsen. *Selbstentäußerung, Besessenheit*, alles andere war Stagnation. Bittere Selbstzerfleischung. Die Spannung zwischen Gebundenheit an sich und der Sehnsucht nach Befreiung von sich war der nie versiegende Quell, aus dem man immer neue Kräfte schöpfen konnte. Voraussetzung war schonungslose Konfrontation mit sich selbst. Man musste auf dem Grund seiner persönlichen Seele die Seele des Lebens finden – dann konnte man wirklich über sich hinausgelangen. *Es kann natürlich sein, dass alles das billiges Gequassel ist. Im Augenblick weiss ich es nicht und werde es nie wissen.*

Pantomime geübt. Aber nicht damit, sondern mit einer Improvisation drangekommen: »Junger Mann sieht Verkäuferin im Laden, sie gefällt ihm, er geht rein, kauft etwas, um mit ihr ins Gespräch zu kommen und sie am Ende ins Kino einzuladen.« War ganz munter, aber nicht richtig, konnte die Szene nicht ganz glaubhaft machen. Er sollte sie ernsthaft gern haben, das konnte ich nicht so schnell umsetzen, da mir persönlich ein Mädchen, beson-

ders eine Verkäuferin, die überdies noch elegant sein soll, was bei mir keineswegs stimulierend wirkt, im Gegenteil, nicht auf den buchstäblich ersten Blick gefallen kann, es sei denn rein als weibliches Wesen, auf das der Sexus anspringt, aber dann würde ich sie nie ansprechen, geschweige denn sie nach fünf Minuten gern haben. Es kann sich da doch nur um die Beurteilung des Äusseren handeln, und allein daraufhin ein Mädchen anzusprechen und gar einzuladen, das ist eher ein Zeichen von unschöner Hemmungslosigkeit, von Primitivität. Unter Qualen einen Brief an Isabell geschrieben. Was sollte er schreiben? Hinfahren wäre das Beste. Brief an Isabell nicht abgeschickt.

[**Kallmünz.** Ich schreibe keine Briefe mehr. Schon, weil kein Briefkasten mehr da ist, wo früher einer war. Man muss im Netz nachschauen, wo noch ein Postkasten ist. Ich war es leid, dass die Postkarte, weil ich, wo ich auch gehalten hatte, keinen Briefkasten gefunden hatte, immer noch auf dem Armaturenbrett lag und in jeder Kurve zu Boden rutschte. Fand ich einen Ort in diesem weitläufigen Bayerischen Wald, war schon vom Auto aus zu erkennen, dass am Rathaus nur noch ein Fleck war, wo einmal ein Briefkasten gewesen sein musste. Also fuhr ich in einen größeren Ort, sah aber keinen gelben Briefkasten und konnte nicht aussteigen, Halteverbote und Einbahnstraßen. Auch eine Post gab es in diesem Ort nicht mehr. Ich erinnerte mich, dass eine Bekannte mir ihre Postkarte, die sie an mich hatte schicken wollen, jedoch keinen

Briefkasten gefunden hatte, eingescannt hatte, und kam in Versuchung, die Ansichtskarte einfach aus dem Auto zu feuern. Und dann sah ich doch noch einen Briefkasten in einem kleinen Ort, wendete, warf die Karte ein und war auf einem falschen Weg, der mich nicht zu der Autobahn zurückbrachte, von der ich abgefahren war, sondern zu einer anderen, was ich viel zu spät merkte. So fuhr ich Stunden umher im Bayerischen Wald und dann und wann war wieder Kallmünz zu sehen und Dallackenried, Giglitzhof, Krachenhausen und Schreiberthal. Die Ansichtskarte kam nie an.]

15-11-62: *»Fräulein Julie« von Strindberg gelesen. Mortimer geübt. Abends Baccalaureus geübt. Brief an Isabell.* [Baccalaureus – aus Goethes »Faust«. Zweiter Teil.]

16-11-62: *Baccalaureus zu Ende gelernt. Den Karl gemacht, »Endspiel« von Beckett gelesen.* [Karl – aus Schillers »Die Räuber«.]

17-11-62: *Gestern abend noch bis halb eins »Mörder Hoffnung der Frauen« von Kokoschka gelesen. Hochgeschraubter Expressionismus, nur unverständlich. Heute bis 11 Uhr geschlafen. Wollte zur Choreographie gehen. Straßenbahn blieb wegen Stromausfalls stehen, ging in der Straße herum, kaufte zwei Flaschen Wein und fuhr, als die Bahn wieder lief, nach Hause. Karl gemacht.*

[Stromausfall. »Der Orkan Vincinette, der in der Nacht vom 16. auf den 17. Februar 1962 die gesamte deutsche Nordseeküste treffende Sturmflut auslöste, stand am Ende einer seit Dezember 1961 andauernden stürmischen Westwind-Wetterlage. Hansestadt Hamburg: Bereits kurz nach Mitternacht kam es im Bereich der Süderelbe zu ersten Deichüberflutungen, die sich rasch zu Deichbrüchen ausweiteten. Die unmittelbar an den Deichbrüchen stehenden Gebäude wurden vollständig zerstört. Insgesamt brachen die Deiche an mehr als 60 Stellen. Besonders schwer betroffen war die Insel Wilhelmsburg zwischen Norder- und Süderelbe. Da hier auf Grund der Gartennutzung die für die Deichsicherheit existenziell notwendige geschlossene Grasnarbe fehlte, kam es hier sehr schnell zu großen Auswaschungen, die letztendlich zum Bruch des Deiches führten. Für rund 200 Bewohner der am und auf dem Klütjenfelder Hauptdeich zwischen Spreehafen und Ernst-August-Kanal stehenden Behelfsheime kam jede Hilfe zu spät. Insgesamt kamen in Wilhelmsburg 222 Menschen ums Leben. Ebenfalls schwer betroffen war der 1962 noch als Wohngebiet genutzte Stadtteil Waltershof, wo 37 Menschen starben, sowie die Stadtteile Billbrook (13 Tote), Neuenfelde (10 Tote) sowie Moorburg (5 Tote). Überflutet wurden neben dem gesamten Hamburger Hafen sowie der genannten Gebiete auch Teile der Innenstadt im Bereich der Alster sowie der Rödingsmarkt. Als unmittelbare Folge der Sturmflut waren 315 Tote (davon 5 Soldaten und andere Helfer), 20 000 Obdachlose und etwa 6 000 zerstörte Gebäude zu beklagen. Ferner verendeten 1 500 Rinder, 2 500 Schweine,

125 Pferde, 90 Schafe und 20000 »Stück Federvieh«. Knapp ein Sechstel des Hamburgischen Staatsgebietes (120 km^2) stand unter Wasser, die Verkehrswege waren unterbrochen, die Grundversorgung eingeschränkt. Insgesamt entstand ein Sachschaden von etwa einer Dreiviertelmilliarde D-Mark.« (aus: Wikipedia, Sturmflut 1962)]

17-11-62 (Fortsetzung): Karl gemacht. *Ich weiss nicht, wie ich ihn anlegen soll. Durch Evas Arbeit habe ich den unbefangenen Blick verloren. Dann zum Zauberlehrling. Gut, aber nicht besonders. Ich bekomme den Krampf nicht aus den Gliedern. Ich fürchte manchmal, dass ich das nie mehr erreichen werde.* Als E nach Hause kam, gab es auch dort kein Licht mehr. Seine Vermieterin bot ihm an, dass er zu ihr und ihrem Mann herunter kommen könne, sie hätten es etwas heller mit Kerzen. Sie spielten Skat.

(Eine Erzählung ohne Titel)

Die Katastrophe war über die Stadt hereingebrochen, bevor die Menschen begriffen hatten, dass es sich um eine Katastrophe handelte. Als sie es begriffen, blieb ihnen nur noch übrig, die Schäden der Sturmflut zu beseitigen, das war allerdings noch genug. Zigtausende von Menschen mussten evakuiert werden. Aber wohin? Hotels, Schulen u.s.w. reichten nicht aus. Also bei Privatleuten. H. *be-*

kommt die Aufgabe, die Familien abzuklappern und nach Unterbringungsmöglichkeiten zu fragen. (Die Menschen haben gar nichts dagegen zu helfen, sie sind nur zu träge dazu, hatte man bei der Katastrophenleitung überlegt, darum schickte man ihnen H. *auf den Hals.)* H. *ging mit Eifer und Bangen ans Werk. Der erste schlug ihm die Tür vor der Nase zu.* H. *war deprimiert und angestachelt. Der zweite sagte: Wir wollen schon, aber wir haben keinen Platz, sehen Sie selbst.* H. *schilderte die Not: Geht es wirklich nicht? Man zeigte ihm die Wohnung, es stimmte, es ging nicht. Bei Nr. 3 ist* H. *schon mutiger. Sein Ton ist etwas routinierter und amtlicher, bestimmter. Er lässt sich (in Erinnerung an Nr. 2) gleich die Wohnung zeigen, redet, ruhig, und schlägt zwei Betten heraus. Bei Nr. 10 hat er den Bogen raus. Energisch und freundlich, bestimmt mit Nachdruck (die Katastrophe, Not, Elend stehen hinter jedem Wort) geht er die Leute an und trägt Bett auf Bett in seine Liste ein. Er wächst an der Aufgabe über sich hinaus.* H. *wird vom ängstlichen, gedrückten Hintertreppenmenschen zum souveränen, energischen, tatkräftigen Organisator. Mit Hilfe der Katastrophe überwindet er seine persönliche Misere. Die Flut hat ihn nach oben gespült. Am Abend hat er mehr Betten zusammen als die anderen. Er wird gelobt. Am andern Tag hilft er bei der Einquartierung, verstaut Kleidung, Decken u.s.w. Man dankt ihm, lobt ihn, kennt ihn, beruft sich auf ihn.*

Einige Zeit später. H. *ist mit anderen zusammen. Er sieht viel voller und gesünder aus als früher. Er erzählt wieder mal von seinen Erlebnissen bei der Flut, denn sie ist Angelpunkt seines Lebens geworden. Er redet, erregt sich, bis die andern ihm deutlich sagen, er solle die Klappe halten, das sei ja alles sehr schön, er auch sehr tüchtig gewesen, aber allmählich sei es auch vorbei. Jetzt gebe es wieder andere interessante Sachen zu bereden.* H. *verstummt. Es verwirrt ihn zutiefst, dass man für die Katastrophe nichts mehr übrig hat. Aber davon lebt er doch.* H. *klappt zusammen wie ein nasser Sack. Er verkümmert, wird immer schweigsamer, dann wunderlich, schließlich redet er irre, eine Art von Größenwahn. Er wandert zuletzt ins Irrenhaus. So war* H. *das späteste und tragischste und kurioseste Opfer der großen Flutkatastrophe.*

20-II-62: Der Baccalaureus sitzt noch nicht, zu viel äußerliches Geschrei. Bei den Etüden schimpfte von Gersum über die heutige Generation, die nur selbstbezogen sei und nichts mehr ertragen könne. Dagegen seine Generation und der Krieg u.s.w. Bei Ellen Petersen ferngesehen, aber wieder nicht »Walzer der Toreros«, sondern (Programmänderung wegen der Flutkatastrophe) »Das Salzburger Grosse Welttheater« mit einem österreichischen Ensemble. *Das Stück ist recht nett, manchmal papierene Abstraktion (wenn die Rede vom »Wesentlichen« u.s.w. ist), im Gegensatz dazu allzu harmlose Realistik. Die Spannung von Symbolik und Figur, von Gleichnis und realem Geschehen ist nicht durchgehalten. Schmuddelig und gemütlich inszeniert. Hilde Krahl als Frau Welt sehr präzise, sehr saubere Arbeit, Josef Meinrad als Bettler stimmte im Ganzen, hätte aber klarer die Problematik der Figur herausarbeiten können. Der Narr war sehr gut, weiss aber nicht, wer das war. Der Rest Gebrauchsware.*

[**Dreifaltigkeitsberg. »Die heutige Generation«.** Hätte ich gewusst, welcher Anstieg auf den Dreifaltigkeitsberg auf mich wartete, wäre ich sofort umgekehrt und eingekehrt ins Schützenhaus Zepf und hätte zum Räuberschinken reichlich Zwickl und Zwuckl der Hirsch-Brauerei getrunken. Ahnungslos schritt ich hinauf und brach nach 300 Höhenmetern erbärmlich zusammen. Zwei junge Männer, Louis und Torsten, die hinter Büschen heimlich rauchten, schleppten mich hinauf zur Alexander-Brückner-Akademie. Das Thema der Tagung war »Generationen«. »Kriegsteilnehmer-Generation«, »Flakhelfer-Generation«, »Lost Generation«, »Halbstarken-Generation«, »68er-Generation«, »78er-Generation«, »Babyboomer-Generation«, »Null-Bock-Generation«, »Generation Ich«, »Generation Y«, »Me-Generation«, »Single-Generation«, »Generation Golf«, »Generation Z«, »Generation Berlin«, »Generation Merkel«, »Generation X«, »Generation Doof«, »Generation Selfie«, »Generation Startup«, »Generation Head-Down«. Wir flohen zu dritt. Torsten und Louis waren gut zwanzig Jahre jünger als ich und kamen längst vor mir im Schützenhaus Zepf an. Wir tranken ordentlich Zwickl und Zwuckl zum Räuberschinken. Es wäre ein angenehmer Abend geworden, hätte nicht im Nebenzimmer Gerhard Falkner getobt: »Der gesamte öffentliche Raum ist inzwischen eine einzige Kommunikationstoilette. Eine pausenlose, völlig enthemmte Ich-Entleerung, vor der kein Ort und kein Ohr sich mehr in Sicherheit zu bringen vermag.« Wir hielten uns die Ohren zu und tranken zügig weiter. Wir sprachen miteinander wie seit je, als wir zusammen an Bier- oder Küchentischen und in der Mensa gesessen hatten. Als wir genug Hirsch-Bier getrunken hatten, feierten wir in einer Spaichinger Bar, die nach uns für immer geschlossen wurde, weiter bis zum Morgengrauen. Auf dem Weg zum Bahnhof Spaichingen mussten wir uns, vor allem die zwei Jüngeren mich, gegenseitig stützen. Bis der erste Regionalexpress kam, saßen wir vor dem trutzig altwürttembergischen, aber entleerten Bahnhof Spaichingen unterhalb des Dreifaltigkeitsbergs und nickten an unseren Schultern abwechselnd ein.

Ich erkannte E sofort. Sein Haar war trotz seines Alters immer noch rotbraun. Wir fuhren auf bunten Rädern mit Teleskop-Sattelstütze und Shimano-Di2-Schaltung am Niederrhein, auf nun asphaltierten Radwegen. Ich, der Jüngere, aber Kleinere, gleich voran. E überholte mich sofort. Stoppte aber, als er eine Radlänge vor mir war. Dann war das erledigt, und wir strampelten gleichauf nebeneinander her auf unseren Pedelecs und teilten uns unsere Erfahrungen mit. Ich gestand E, dass ich erst über meine und seine Gegenwart zu notieren begonnen hatte, nachdem ich seine Tagebücher gelesen hatte. E erinnerte sich an keine Tagebücher, von denen er beschwor, sie seien alle in Wien verbrannt. Aber Isabell habe nicht Isabell geheißen. Wir fuhren weiter auf unseren Pedelecs über die nun nicht mehr verschrankte holländische Grenze. Javaanse Jongens, fragte ich E. Schon lang nicht mehr, lachte E. Er spielte nun in freiem Engagement in Nürnberg den King Lear. Wir radelten und redeten so vertraut, als sei das immer so gewesen und müsse immer so sein. Ich erinnerte ihn an Wiedu. E hatte ihn vergessen. Doch »Lohn der Angst« würden wir nie vergessen. Ich erzählte E, dass ich wegen Peter van Eyck, der auch anders geheißen habe, einmal sogar das scheußliche Schloss Montfort in Langenargen besucht hatte. Bodensee sagte E gar nichts. Von Bregenz hatte er nie gehört. Nahe Wesel machten wir Pause und riefen mit vor den Mund gehaltenen Handtrichtern in die Lichtung. Die Luft war zu feucht und schwer; es kam auch dieses Mal kein Echo.]

21-11-62: Im St. Pauli Theater »Zitronenjette«. Eckard spielte einen Bösewicht, blieb aber blass und kleinlich. Er konnte anscheinend nicht viel. Die Titelfigur war auch nicht gut gespielt. Wenn jemand Mitgefühl und Anteilnahme beim Zuschauer erwecken will, darf er nicht dauernd jammern und heulen, er muss erschüttern. Bei lauthalsem Elend geht man in Deckung, die direkte Gefühlsäußerung ist peinlich und macht schutzlos (*deswegen sind die Klassiker heute so schwer zu spielen*). Beim Drücken auf die Tränendrüse können keine Tränen fließen. *Sie, nun ja St. Pauli Theater, versuchen gar nicht, Theater zu spielen, sondern kommen auf die*

Bühne und sprechen und agieren, als wären sie zu Hause. An Kunst nicht entfernt zu denken.

22-11-62: Mit Eva die Szene Mortimer-Leicester durchgesprochen. E war sehr nervös, die Knie zitterten ihm. Eva schrieb ihm jeden Akzent vor, nur peinlicher Krampf kam dabei raus. Abends Film »Das Leben beginnt um acht«, o. E. Hasse gut, ein Abglanz der großen 20er Jahre, vollkommene Beherrschung der Mittel, Mime im guten Sinne. Danach Zeitung gelesen, einiges ausgeschnitten, bis halb drei, sehr kalt, geschneit, müde.

23-11-62: E las Thilo Kochs Essay über Gottfried Benn und fühlte sofort die Wesensverwandtheit zwischen Benn und ihm. *Dieses Herumbohren, vornehmlich an sich selbst, bis die eigene Person ambivalent wird (»das gezeichnete Ich«), und aus diesem Zustand »Kapital schlagen«, diese schwebende Vielschichtigkeit qualvoll erzeugen, um sie dann momentweise zusammenzureissen und produzieren, das ist es, was ich auch erreichen möchte.* Aber noch, fürchtete E, liege die Fluchtmöglichkeit Selbstmord zu nah. Er habe nicht die Kraft, die Weite und Klarheit von Benn. Es käme bei ihm wohl nur Melancholie, Pessimismus und tatenloser Fatalismus heraus.

24-11-62: E las Thomas Manns Essay über »Goethes Laufbahn als Schriftsteller« und resignierte. So schreiben wie Mann und Goethe wird er nie können. Die Sprache war ihm abhandengekommen. Sein Panzer wurde immer dicker statt dünner. Verkrampfung, Erstarrung, Vereisung nahmen zu. Die Glut erstickte. Es wurde kalt um ihn. In ihm. *Wo fass ich dich unendliche Natur? – Nirgends, das ist es.*

Im Ufa-Palast läuft der Film »Candide«, eine lustige und freche Satire. Vor dem Portal natürlich ein riesiges Plakat. Darüber hängt ein kleines Plakat »Der Postmeister« und darunter ein Schild »wegen der Volkstrauer (Flutkatastrophe) läuft der ›Postmeister‹«. Das ist die ganze Trauer. Das Candideplakat ragt gross hinter dem anderen hervor, damit es gleich wieder zur Hand ist, denn in zwei Tagen ist die Volkstrauer ja wieder vorbei. Deutlicher konnte einem das Gesellschaftsmäßige, Äusserliche, Behördenhafte dieser Volkstrauer nicht gemacht werden, was daran liegt, dass eine Volkstrauer nie vorhanden war. Nur der Einzelne, Betroffene war traurig, nicht aber das Kollektiv. Ist es deswegen aber zu verurteilen? Nein, denn das ist kein Zeichen moralischen Zerfalls, sondern es ist menschlich. Jetzt ist es eins, ich gehe schlafen.

25-11-62: E las den in der Fischer-Bücherei eben erschienenen »Tod in Venedig« von Thomas Mann: *Die Beschreibung der Szene beim Coiffeur, wo sich der Künstler nach allen Regeln der Kunst zurechtschminken lässt, ist entschieden zu dick. Von dem Augenblick habe ich für die tragische Untergangssituation des erglühten Schriftstellers keine Sympathie mehr, die Verwandlung ist dermassen widerlich und so geschmacklos, dass der Mann mich ekelt, bedauern kann ich ihn nicht mehr. Die Szene ist Thomas Mann völlig aus der Hand gerutscht, ebenso der Traum, der nicht grauenvoll, sondern ekelhaft, peinlich und einfach glibberig, schmierig ist. Thomas Mann hatte hochempfindliche Nerven, aber kein grosses Herz, darum die ewige Ironie, eine Tarnkappe des Schwächlings.*

27-II-62: *Heute morgen von Isabell geträumt. Während des ganzen Vormittags klang mir der Traum noch in den Gliedern.*

1-III-62: *Im Kino gewesen, »Orphée« von Cocteau, geistreicher Unsinn, interessant aufpolierte Seichtheiten, im Ganzen nicht der Rede wert.*

4-III-62: *~~Drei~~ Zwei Stunden Rollen geübt. Wollte eben drei Stunden hinschreiben, weil ich dachte, das sähe besser aus. Erst als die drei schon stand, wurde mir bewusst, was für einen perversen Selbstbetrug ich da wieder betrieb.*

E las van Goghs Farbenlehre. Er wollte etwas vom Handwerk einer Kunst verstehen, in der er sich nicht auskannte. Er lieh sich Bücher über Kunstgeschichte aus und schrieb Zusammenfassungen von der römischen Kunst bis zur Gegenwart, in der die Kunst aus der Wirklichkeit hinaus dränge, weil die Wirklichkeit nicht mehr fassbar sei, *allerdings ohne ein bindendes Fundament zu haben. Der Bereich über der Wirklichkeit ist vorläufig noch leer.* Otto von vorne schrieb ihm, dass er die Freude an den kleinen Dingen entdecke und genieße, was E mit *Mein Gott* kommentierte. Otto fand die Gedichte, die E ihm für die Zeitschrift, die nun »hefte 63« heißen sollte, geschickt hatte, ehrlich, aufrichtig und belanglos. Das fand E jetzt auch. *An meiner treudeutschen Ehrlichkeit vertrottele ich noch mal, so ehrlich wie ein gutes, zähes Stück Ochsenfleisch.*

Am 15-11-62 konzipierte er eine Geschichte: Tageswanderung am Fluss entlang als Symbol des Lebens. Sonnenaufgang als Schöpfung, mittags Überquerung der Brücke als Symbol von Kraft und Schwung, Ankunft bei Nacht am Meer: der Tod. Danach las er »Das Abenteuer Ionesco« und fand angesichts des wirklich Neuen, das Ionesco gemacht hat, seinen eigenen Erzähleinfall schülerhaft, einfältig, unwichtig und belanglos. *Aber auch wenn ich Ionesco verstehe, leben werde ich in dieser Welt wohl niemals können, dazu bin ich zu trocken, zu unoriginell, zu einschichtig. Ich spüre, wie Intuition und Ursprünglichkeit immer mehr eingehen bei mir. Wenn überhaupt noch etwas zu retten ist, dann muss bald etwas geschehen.*

[**Nachtrag.** Auf den letzten, auf den Kopf gedrehten Seiten des Tagebuchs Hamburg I steht ein Geschichten-Fragment:

Er drehte sich in den Hausflur zurück, um dort, windgeschützt, seine Zigarette anzuzünden. Er sog die ersten Züge tief ein, so als hätte er lange keine Zigarette mehr gehabt, dann stieg er träge und verschlafen die ausgetretene Steinstufe hinunter auf die Straße. Heulend sprang ihn der Sturm an, so dass er taumelnd an die Hauswand zurückwich, wo er etwas vorgebeugt, reglos stehenblieb und den Wind auf sich eindringen liess. Das tat ihm gut. Er spürte, wie ihn der Wind auskühlte und den Schlaf aus den Gliedern trieb. Er rüttelte ihn kräftig wach, und allmählich wurde sein dumpfer Kopf etwas klarer. Er fuhr sich mit der Hand durch das vom Wind zerwühlte Haar, stiess sich von der Mauer ab und schlenderte über den breiten Bürgersteig. Dabei wickelte er den ellenlangen Schal noch einmal mehr um den Hals und steckte dann die Hände tief in die Hosentaschen, um die flatternde Jacke, eine schon stark abgewetzte braune Samtjacke mit den angedrückten Armen festzuhalten. Zuknöpfen konnte er sie nicht mehr, es fehlten sämtliche Knöpfe.

Aber nach ein paar Schritten blieb er unschlüssig mitten auf dem Bürgersteig stehen, im Augenblick wusste er gar nichts mit sich anzufangen, sein Hirn war zwar etwas klarer, trotzdem fühlte er sich immer noch leer und irgendwie taub. Obwohl es schon nach Mittag war, hatte er bis vor kurzem geschlafen, war dann aufgestanden und auf die Straße gegangen, warum eigentlich, wusste er auch nicht. Langsam, mit nachdenklichem Ausdruck im Gesicht, fuhr er sich über das unrasierte Kinn und verzog den Mund zu einem halbironischen Grinsen, als er die tagealten Stoppeln auf der Hand spürte. Und wie um auf andere Gedanken zu kommen, blickte er in den Himmel hinauf, unter dem sich schwere bleigraue Wolkenballen, vom Sturm gepeitschte über die Häuser hinwegwälzten. Er beobachtete ihr wühlendes Geschiebe, wie sie sich zu Klumpen zusammenballten, oder vom Sturm in Fetzen zerrissen, schnell unter den schwärzlichen Wolkenbändern dahinfegten. Der Zyklopenkampf zwischen den schweren Wolkenmassen und dem unsichtbaren Wind belebte ihn. Eine Art Rausch befiel ihn, je länger er in die endlos über seinem Kopf hinwegziehenden Wolken starrte. Und erst, als ihn das regungslose in den Himmelstarren und die Bewegung der Wolken schwindlig zu machen begannen, holte er den Blick zurück auf die Straße. Er schleuderte die Zigarettenkippe in die Luft und setzte sich, ein wenig benommen, langsam in Richtung stadtauswärts in Bewegung. Beinahe mechanisch Fuss vor Fuss setzend, wanderte er gegen den Sturm an. Er streckte sich, den Mund zusammengepresst, die Augen ein wenig zusammengekniffen, hielt er das Gesicht in den Sturm. Die kalte Feuchtigkeit, nadelfeine Regentropfen bissen ihn in die Haut. Der Wind riss ruckend an den Haaren und den Kleidern, er sauste ihm betäubend in die Ohren. Sein Schritt wurde fester. Um den zusammengepressten Mund lag ein grimmiges Lächeln. Den Blick starr in die graue Ferne gerichtet, drang er wie ein Schlafwandler vorwärts, vorbei an den hässlichen, niedrigen Vorstadthäusern, den kahlen, windgepeitschten Straßenbäumen, wie vorbeigleitend an den Menschen, die geduckt gegen den Wind hasteten. Er schien sie gar nicht wahrzunehmen. Das Andringen gegen die Gewalt des Sturmes weckte seine Kräfte, er hatte das Gefühl, sich schrittweise, aber unerbittlich in die Endlosigkeit vorzukämpfen, langsam und beharrlich vorwärtsdringend, alle Widersprüchlichkeiten der Welt niederzuwalzen, nichts schien ihn mehr aufhalten zu können. Schrittweise rang er dem Sturm Stück für Stück den Boden ab. Und langsam stieg eine wilde Freude in ihm hoch. Er ballte die Hände in den Taschen zu Fäusten. Er hatte das Gefühl, als mähe er den Boden und den Wind unter sich hinweg. Und so ging er immer weiter, das Gesicht gespannt, den Körper gestreckt. Nur noch vereinzelt standen Häuser an der beinahe menschenleeren Straße. Da bog er in einen Seitenweg ein.]

Hamburg II

(10-VIII-62 bis 30-IX-62)

Die Wahrheit liegt zwischen den Zeilen. Den Wörtern glaube nicht.

Sein alter Lehrer Balsereit wollte die Jugend unterstützen und bot an, ihm jeden Monat zehn Mark zu schicken. E war gerührt und lehnte ab. Der Bruder kam zu Besuch. Nach einem Tag spielte E nur noch den Lustigen. Sein Bruder ging ihm auf die Nerven. Er war ein grober Klotz. Vorlaut und ordinär. E vermisste bei seinem Bruder sein eigenes verwirrtes und ratloses Wesen. Als der Bruder entschieden hatte, sein Jurastudium nicht in Hamburg fortzusetzen, fuhr er wieder ab, und E war froh darüber. Er konnte nicht mehr als einen Tag mit anderen zusammen sein. Schon am zweiten Tag wurde er bei noch so albernen Kleinigkeiten schäbig rechthaberisch. Er konnte nur bei sich sein, wenn er alleine war. E war ein *Egozentriker von Geburt und innerster Wesensart*. Dem Eindringling in seine Welt, der ihn störte, drehte er die Luft ab. Er bereute es nicht, so war er eben, und er hatte es zu akzeptieren und zu begreifen, dass die Nabelschnur zwischen ihm und dem Leben zerrissen war. Das war die Voraussetzung für seine Kunst. Der Künstler musste mit dem Leben zutiefst entzweit sein, um zu ringen, um das Leben in den Griff zu bekommen, die Existenzbedrohung zu durchleben. Der Künstler als Egozentriker war dem Leben ein *Überantworteter und Entzweiter.*

E onanierte, und dabei fiel ihm heftig Isabell ein. Er schämte sich so sehr, dass er den Entschluss fasste, nie mehr zu onanieren. Lieber ins Bordell statt ekelhafte Pubertätsflucht. Der Entschluss hielt zwei Tage. E wollte nicht mehr Tagebuch schreiben. Jeden Satz überlegte er, bevor er ihn schrieb. Alles Lüge, alles berechnet. So entstand kein ursprüngliches Zwiegespräch mit sich selbst. E ging auf eine Fete bei Eva Gelb, saß herum und haute nach ein paar Stunden wieder ab. Er beugte sich solchen Veranstaltungen nur, weil er fürchtete, ein Sonderling zu sein. Er war aber ein Sonderling. Und er musste es sein, um nahe bei sich zu sein und sich in seiner Arbeit positiv zu entwickeln. Das erhoffte er sich von Wien. Er las die Briefe van Goghs an seinen Bruder Theo. Van Gogh war ein Ungeheuer, das sich E zum Vorbild nehmen musste. Van Gogh war unabhängig von den Menschen und ganz allein und nahe seiner Kunst gewesen. Dagegen war der Schauspieler der schäbigste aller Künstler. Ein Angewiesener auf den Moment des Applauses. Ein Ensembletier. Der Schauspieler musste die spontane Beherrschung des Augenblicks meistern. Das war Es Sache nicht. Evas Schulung war nicht intensiv, eine trockene, theoretische Lernerei. In Wien musste das anders werden. Er musste zurückfinden zur Intensität der Kindheit. Er liebte Isabell, in seiner Liebe wusste er alles von Isabell. Er liebte Isabell aber nicht als Fluchtpunkt seiner Sehnsucht nach Menschen. Er wusste nicht, ob seine Liebe so groß wäre, um seine Egozentrik zu überwinden und mit ihr, dem einzigen Menschen, eng verbunden zu sein. Dass Isabell ihn liebte, glaubte er fast nicht mehr. Isabell hatte gesagt, auch sie sei eine Egozentrikerin, wolle allein bleiben. E hatte es nicht geglaubt. Doch nun begann er zu begreifen, dass, wenn sie so wäre wie er, keine Liebe die Sehnsucht nach Einsamkeit würde überwinden können. Auf beiden Seiten. Nie mehr würde er einen Menschen finden wie Isabell, die die große, reine Seele hatte wie van Gogh. In allem, auch in Schmutzigem, Niedrigem die unschuldige Seele zu bewahren – das konnte nur Isabell. In der Nacht in Berlin war es das einzige Mal gewesen, dass er nicht mit geschlossenem Herzen vor ihr gestanden hatte. Nun wollte sie nach Hamburg kommen und E würde einer unter vielen sein im Getriebe der Schauspielschule. Das Nikotin machte ihn kaputt. Dagegen wollte er sich wehren, vielleicht hatten Isabell und er doch noch eine gemeinsame Zukunft.

E kündigte die Hamburger Schauspielschule. Für das Gespräch mit Eva hatte er sich eine Rede ausgedacht: Wie er, als er noch mit sich rang, Schauspieler zu werden, ratlos geworden sei über die unbeantwortbaren

Fragen, was richtiges Theaterspielen sei, ob er die Fähigkeiten zum Schauspieler habe, ob man eine Rolle darstelle oder eine Rolle sei, ob das Theater eine Anstalt der Moral oder des Vergnügens sei. Die unlösbaren Fragen hätten sich verselbständigt, jeden Zusammenhang verloren, hätten wie Eisberge, die sich vom Festland lösten, ihr gefährliches Eigenleben begonnen, und er, E, sei hilflos zwischen ihnen getrieben. In der verzweifelten Hoffnung auf Rettung habe er sich kritiklos, voll und ganz in ihre, Evas, Hände gegeben. Und zum ersten Mal in seinem Leben sei ihm hier gelungen, für Momente aus dem Gefängnis seiner Person auszubrechen. Aber schon nach einem Vierteljahr hätten die Zweifel von neuem begonnen, ob sie, Eva, in ihrer autoritären Art nicht jede schöpferische Kritik, jede Individualität, alle Kreativität unterdrücke. Ob sie die Schüler wirklich in ihrer Entwicklung fördern wolle. Das Vertrauen in ihre Arbeit sei zerbrochen, die Enttäuschung so bitter wie der Entschluss, die Schule zu verlassen, denn das bedeute für ihn, E, auch eine schmähliche Niederlage einer Fehlinvestition von Vertrauen in Eva. Soweit aber kam E mit seiner vorbereiteten Rede gar nicht. Denn nach dem Satz, er habe sich voll und ganz in Evas Hände gegeben, unterbrach ihn Eva und sagte, so müsse das auch sein. E verstummte, er bedankte sich und ging. Er hatte damit den Eindruck zugelassen, das Drama seiner Rettung zusammengelogen zu haben, weil er nicht mehr ihre Arbeitsweise kritisiert hatte. Er fand sich feige, böse. Der Mensch musste schuldig werden, das war unvermeidlich, aber er durfte sich dabei nicht verleugnen müssen. Er hatte das Gegenteil getan. Er war ein Schwein. Und am meisten schämte er sich vor Isabell. Er versuchte, sie von der Telefonzelle aus zu erreichen.

[**Fellbach.** In Fellbach sah ich gleich mehrere gelbe Telefonzellen, die ich fast vergessen hatte. Ihre Türen waren schwer zu öffnen gewesen. Abends, wenn telefonieren billiger wurde, standen die Leute Schlange vor den Telefonhäuschen. Im Winter beschlugen die Scheiben von innen und gelegentlich kringelte eine junge Frau, die sich an die Tür gelehnt und einen Schuh auf die blecherne Ablage unter dem Bord mit den Telefonbüchern gestellt hatte, ein Herz in den Scheibendunst. Sie drehte den Wartenden den Rücken zu, mit dem sie die Tür des Telefonhäuschens blockierte. Die Empörungsgemeinschaft vor der Tür klopfte an die Scheiben, dann trat sie gegen die Tür, dann versuchte sie, die Tür aufzureißen in der Hoffnung, die junge Frau werde rücklings herausstürzen. Die wütenden Wartenden pressten ein Blatt Papier an die Scheibe: »Fasse dich kurz«. Außer den jungen Frauen zogen telefonierende Gastarbeiter den größten Zorn auf sich. Nach längeren Telefonaten rochen die Kabinen je anders. Als die Telefonzellen unwichtig wurden, waren die Hörer herausgerissen worden. Manchmal war in die Telefonzelle uriniert oder geschissen worden; manchmal schliefen Betrunkene gekrümmt in ihnen. Die Telefone in der Telefonzelle hatten eine Wählscheibe; um wählen zu können, musste man den schweren Telefonhörer zwischen Schulter und Backe klemmen. (YouTube-Hit: Kinder verzweifeln am Telefon mit Wählscheibe. Die Reaktionen der Kinder »zeigen, wie rasant die Welt sich in den vergangenen 20 Jahren verändert hat.«)]

Isabell schrieb, sie könne nicht nach Hamburg kommen, sie habe Proben. E setzte alle Hoffnung auf Wien, ein neuer Ort in einem anderen Land. E las ihre Briefe wieder und wieder und hatte plötzlich das beklemmende Gefühl, dass es einmal so weit sein könnte, dass Isabell ihm ein Mensch wie alle andern wäre, nur eine Erinnerung, keine wehmütige, bittersüße, sondern eine trockene, gleichgültige Erinnerung. Dieses Gefühl tat ihm weh. Vielleicht kämen sie zusammen. Wahrscheinlich würde er aber, da sie ihn nicht liebte, seinen Weg zu einem guten Schauspieler allein gehen müssen. Er spazierte an der Elbe entlang, es war kalt und windig, es fing an zu regnen und E kämpfte den ganzen Weg gegen das verdammte In-Stimmung-Sein, dass man sich nicht nur den Wind um die Nase wehen ließ, sondern auch noch meinte, beeindruckt, gestimmt sein zu wollen – durch die Nacht, das Rauschen des Wassers, den Wind, die Sterne undsoweiter. Alles wollte Poesie werden – aber er wollte doch einfach nur leben. Er konnte aber nicht leben mit der Vitalität einer Katze. Er kastrierte das Leben in der Furcht, es könne einen zermalmen. Er wartete auf die Herausforderung des Lebens, die Kräfte in ihm erwecken könnte, und er fürchtete sich vor ihr.

Er notierte sich den Satz aus Dostojewskis »Dämonen«: »Wenn du die Erde mit deinen Tränen tränkst, wenn du sie als Geschenk darbringst, wird dein Kummer sofort vergehen, und du wirst ganz getröstet sein.«

Beim Bier im »79« sagte ihm Dirk Eckhard Becker, der nun von Eva erlöst war und bei Kurt A. Jung Unterricht hatte, dass Es Stimme ihren warmen Glanz verloren habe, hart und blechern geworden sei. E hoffte auf Wien, dass dort seine Stimme, die ihm zu weit im Hals hing, nach vorne komme, eine organische Resonanz jenseits der Stimmbänder bekäme. Brief an Isabell nicht abgeschickt. Er wollte Eva Gelb im Eppendorfer Krankenhaus besuchen. Aber er wusste nicht, wo sie lag. Er lief durch den Häuserkomplex und wurde wütend und verkrampft und malte sich aus, wie er den Blumenstrauß, den er gekauft hatte, in einer gespielt wütenden dramatischen Geste zerknickte. Er wartete, bis er allein war, nicht dabei beobachtet werden konnte, fand sich lächerlich, wenn er die Blumen zerknüllen würde. Immer fühlte er sich unterlegen und voller Angst, immer an die Wand gedrückt, gekrümmte Schultern, harter Gang, blecherne Stimme. Er hasste den gutmütigen, unbeholfenen, stillen und sympathischen Menschen, den die anderen in ihm sahen. Das war er nicht. Er war ein einziges Theater. Ein schlechtes. Der Gedanke an Selbstmord war ganz lebhaft nach dem Einfall gekommen, die Blumen zu zerstören. Die Blumen unschlüssig noch in der Hand, war ihm eingefallen, dass er eine Rasierklinge zu Hause hatte, mit der er sich die Pulsadern aufschneiden könnte. Selbstmord eines Aufspielers, Jammerlappens, eines eitlen Popanz, der sich nicht umzubringen traute. Die Gedanken waren in ihm gerast, als er mit den Blumen in der Hand dagestanden war. Und dann, in einer Zehntelsekunde von Nichtdenken, hatte er wirklich die Blumen weggeworfen und war von sich überrascht. In der äußersten Anspannung setzte das Bewusstsein aus, und die Tat kam. Van Gogh aus Arles: »Ich habe in gewissen Momenten eine schreckliche Hellsichtigkeit … und dann fühle ich mich nicht mehr, und das Bild kommt mir wie in einem Traum.« Er fuhr vom Krankenhaus nach Hause. Der Hals tat ihm weh. Er kaufte sich zwei Flaschen Bier, trank eine noch im Gehen aus, weil er meinte, auf nüchternen Magen wirke der Alkohol mehr, schaffte es aber nicht, sie in einem Zug auszutrinken. Zu Hause schrieb er über sich und den Blumenstrauß und merkte, dass es viel komplizierter in ihm gewesen war, als er es niederschreiben konnte. Er konnte überhaupt nicht schreiben. Ihm fiel nie etwas ein. Nur wenn der Bleistift sich um sein hysterisches Gebaren, das Gequietsche seiner lebensunfähigen, seiner an sich selbst berauschenden Egozentrik drehte, lief es wie geschmiert, bis alles zusammenstürzte zu Ruinen von Lügen. Und am liebsten hätte er doch nur geschrieben: Isabell ich liebe dich liebe dich liebe dich liebe dich.

E besuchte Eva Gelb im Krankenhaus und brachte ihr Rosen mit. Er kaufte sich einen Expander, nahm sich vor, wegen des Halses zum Arzt zu gehen. Nach einer Stunde Warten kam er ins Ordinationszimmer. Der Arzt spritzte etwas in den Hals, ließ ihn A sagen und fand ungewöhnlich viel Schleim im Schlund, besonders rechts. Er schrieb ihm ein Rezept und wies die Assistentin an, Es Kopf zu bestrahlen und zu durchleuchten. Die Assistentin steckte Es Kopf in einen Kasten zur Infrarotbestrahlung. Es wurde ihm heiß. E beobachtete ein junges Mädchen, das mit einem blauen Licht bestrahlt wurde und eine Klemme auf der Nase trug, um nur durch den Mund zu atmen. Das Mädchen war derart von seiner Wichtigkeit durchdrungen, dass es die Hereinkommenden anstarrte, um zu sehen, ob sie auch wahrgenommen würde. E wurde wütend über das alberne Gehabe des Mädchens mit seinem völlig leeren, faden Gesicht. Die Assistentin vergaß, dass E auch noch durchleuchtet werden sollte. E ging grußlos. Das Rezept löste er nicht ein.

[**Stammzellen.** Der amerikanische Arzt Robert Lanza sieht eine »Ära der Stammzellen« anbrechen, in der die meisten Krankheiten abgeschafft werden können. Das meint auch der amerikanische Genforscher George Church, der zudem voraussieht, dass mit der baldigen Wiedererschaffung des Neandertalers dem Homo sapiens ein Hirndepot zur Verfügung gestellt werden kann, das sich was einfallen lassen könnte gegen die Defekte des Sapiens-Hirns.

Am 26. August 2013 erschoss sich Wolfgang Herrndorf, der über die Ausfälle seines von einem Tumor zerstörten Gehirns in seinem Buch »Arbeit und Struktur« Auskunft gibt. »Forscher beginnen damit, neuronale Schaltkreise zu manipulieren. In Zukunft wollen sie kranke Gehirne reparieren wie Autos. Im Affenversuch testen sie bereits eine Gedächtnisprothese.« »Die Operation Gehirn ist zum fachübergreifenden Großprojekt geworden. Und das Wichtigste dabei: Nach den Medizinern, den Genetikern, den Physikern und Biochemikern sind nun auch die Ingenieure zur Schar der Hirnkundler gestoßen. Kaum eine amerikanische Eliteuniversität, die nicht Lehrstühle oder ganze Institute für ›Neuroengineering‹ oder ›Neurotechnology‹ gegründet hätte.« Wann und wie wäre Wolfgang Herrndorf, wann und wie wäre E zu helfen gewesen? Die Chinesen manipulieren schon die Gene der Embryonen mit der CRISPR/Cas9-Technik. All dies, schreibt Jaron Lanier, werde »von einem digitalen Utopismus getragen, der letztlich zum Ziel hat, die gesamte Gesellschaft zu optimieren« und versuche, »den Tod zu verleugnen«.]

Brief an Isabell. E war leer. Er las nichts, arbeitete nichts, war reizbar und nervös. Nichts als leere Worte schrieb er an Isabell, aber sie sollten nicht als solche erkennbar sein. In zehn Tagen würde er in Wien sein. Hoffentlich, hoffentlich würde alles gut. Er liebte Isabell. Am letzten

Unterrichtstag sprachen sie dem Intendanten von Bremerhaven vor, der E eine ganz große Zukunft voraussagte und ihn 1964 engagieren wollte. Der Hals wurde nicht besser. Ein anderer Arzt diagnostizierte eine rechtsseitige Kieferhöhlenvereiterung, woher aber die Schmerzen in der Brust nicht kommen konnten. Die ganze Lunge schien E verschleimt, er spuckte hellgelben Eiterrotz. E rauchte am Tag nur zwei Zigaretten, abends beim Briefeschreiben ein Päckchen. Beim Abschied sagte Eva zu ihm: »Ich werde Ihren Panzer zertrümmern.« Die Halsschmerzen waren weg. Eine sehr gute Vorstellung von »Don Juan oder die Liebe zur Geometrie« von Max Frisch mit Ullrich Haupt. Prächtiges Bühnenbild. Ganz großes Spiel. Alles bewusst, nichts gewollt. Im Zuschauen lockerte sich E, entkrampfte sich, verlor Verstellung, Hochmut, Engherzigkeit. In Wien würde er die ersten Schritte tun zu solcher Selbstverständlichkeit, zu solch unprätentiösem Spiel, zum Ganz-einfach-spielen. Die Mutter holte E mit dem schwarzen vw-Käfer in Hamburg ab.

Wien

(30-IX-62 bis 29-I-1963)

besiegt aber nicht geschlagen

Am Sonntagmorgen, die Sonne schien, saß E in seiner am Vortag bezogenen Wiener Wohnung, die er, zusammen mit seinem Bruder, gefunden hatte. Ein großes Zimmer, Doppelbett, Tisch, Küche, sündhaft teuer, aber nun war er allein, kein Untermieter mehr. Kam er nach Hause, brauchte er niemandem, keiner Familie, keiner Hauswirtin Guten Tag zu sagen, brauchte nicht mehr anzuklopfen und zu bitten, sich Wasser auf dem Herd kochen zu dürfen. Die Wohnung lag in Margareten, 5. Bezirk.

Bevor der Bruder im Auto der Mutter wieder zurückfuhr, besuchte E mit ihm Isabell. Sie war nicht da, sie war beim Fotografen. Verwandte kamen mit Hallo, konventionelle Menschen, kein differenziertes Innenleben, gerade so freundlich und mitfühlend, wie man sein musste, wollte man als anständig gelten. Es war E schwer, sich Isabell hier im völlig Moderaten vorzustellen, denn ohne Ausbrüche konnte das schmerzhafte Erwachen ihrer außergewöhnlichen Seele gewiss nicht abgehen. Man mühte sich, der Brüder wegen Hochdeutsch zu sprechen mit *frisierter Schnauze.* Die Brüder saßen stumm. E verkrampfte sich unter so vielen fremden Menschen, wurde wütend und bitter, lehnte alles ab, was Isabells Mutter auftischte. Dann kam Isabell; und freute sich mit Hallo über die Verwandten. Sie erzählte von Abneigungen, Intrigen, Zwist am Seminar und anderen Klatsch. Sie trug das Haar jetzt hässlich glatt nach vorne gekämmt, zerfranst, das passte schlecht zu ihrem Gesicht. Sie hatte sich, schien E, im vergangenen Jahr verändert, scherte ein in die Gesellschaft, machte sich gemein mit ihr. Doch nur Distanz zu den Menschen konnte Freiheit und damit Urteilskraft, Erkenntnis, eine gerechte Moral und eine ungebrochene Seele garantieren. Die reine Seele, derentwegen er Isabell so liebte. Die Schönheit, Zärtlichkeiten von Mädchen konnten ihn nicht reizen, waren ihm gleichgültig. Nur Isabells Wesen nahm ihn gefangen. Hatte er sich in Isabell getäuscht? Hatte er ein Wunschbild gesehen und geliebt, das es gar nicht gab? Das glaubte er nicht. War all die Nähe in Berlin gespielt gewesen? E war sich sicher, dass Isabell ihn nicht liebte. Aber seiner Liebe zu Isabell war er sich sicher. Doch diese Liebe lag in ihm wie hinter einer dicken Glasscheibe und würde sterben. Vielleicht konnte er ja niemanden lieben, niemanden.

Der Unterricht begann mit einer kleinen Feier. E begrüßte Isabell kurz in beiderseitiger Verlegenheit. Er hätte nicht wegen Isabell nach Wien gehen sollen. Wie geht's, was machst du, das würde alles sein. Er würde sich allein an die Arbeit klammern müssen. Es wurde düster in ihm. E würde in Wien nicht siegen, aber schlagen lassen würde er sich auch nicht. Er lernte Schillers »Ode an die Freude« und begann eine Biographie von Beethoven, schrieb Gedichte, onanierte. Atemtheorie: Nur wenn der Atem stimmt, stimmt der ganze Körpermechanismus, mit dem der Schauspieler das Publikum gefangen nimmt. In Berlin hatte E gedacht, man müsse mit Leidenschaft in einer Rolle aufgehen, dann stelle sich alles Technische von selbst richtig ein. Dass das nicht ausreichte, hatte E eingesehen; aber in Hamburg sollte alles über den Kopf, den Geist, das Sprechen gehen. Das war es auch nicht gewesen. In Wien schienen Gefühle unwichtig zu sein, der Körper stand im Vordergrund, Atmen, Sprechen, das Alphabet von Mimik und Gestik. Aber es stimmte: Mit der Psychologie, dem 19. Jahrhundert, kam man nicht weiter. Mit Psychologie ließ sich Shakespeare nicht spielen, dessen Frauenrollen von Männern gespielt worden waren. Eigentlich war Shakespeare viel zu fern und nicht mehr spielbar. Schiller und Lessing nur noch schwer. Über große Zeiten hinweg gab es keine Einfühlung. Der Schauspieler der Zukunft würde nicht als individueller Mensch auf der Bühne stehen, sondern als anonymes Instrument des Theaters, durch und durch als Handwerker, Techniker. Brecht! Schauspiel als Lehrstück, keine Einfühlung. Brecht war als Politiker ein Kommunist, einer, der Ulbrichts Terrorherrschaft mittrug; einer, der ein Bekämpfer der westlichen, freien Lebensform war. Sollte man Brecht noch spielen nach dem 13. August 1961? Ja, denn Brecht, dem Dichter, ging es um viel mehr, um das rein Menschliche, nicht nur um das Tagespolitische. Brecht, nicht der Politiker, der Dichter gehörte zum Theater der Zukunft. Wien hatte mit dem Hochhalten der körperlichen Technik recht. Josef Kainz hatte recht: »Der Schauspieler muss denkend atmen und atmend denken.« E las und im Lesen erschuf er sich seine Welt.

Noch ein Rückschlag: E konnte sein Zimmer nicht mehr alleine genießen. Ein Mitschüler, ein armer Ungar, wartete vergeblich auf Geld seiner Eltern in Argentinien. E nahm ihn auf. Dieser Peter fühlte sich bei ihm wohl. E ertrug seine Gegenwart, fand ihn undurchsichtig, skrupellos, einen Falschspieler, wenn sie abends mit Streichhölzern pokerten, einen Ausnehmer. E ertrug Peter immer weniger, kaum schrieb er endlich am Abend in sein Heft, kam schon wieder dieser Peter. Manchmal verstritten sie sich so sehr über der Frage, ob der Kaffeesatz an den Rändern des Melittafilters mit dem heißen Aufgießwasser in die Mitte des Filters gespült werden sollte oder dürfte, dass E auf dem Absatz die Wohnung verließ. E wurde grippekrank, seine Stimme verschlechterte sich wieder. Er machte die Beobachtung, dass ihm seine Mitschüler gleichgültig wurden. Darüber erschrak er und es freute ihn. Anerkennung, Nähe suchte er nicht mehr. Er mied die Menschen, verkrampfte sich in ihrer Gegenwart und wurde bei jedem Wort rot. Er grüßte nur noch, redete nicht, wollte niemanden kennenlernen. E war der Neue, es war ihm egal, er buhlte nicht um Aufnahme. Er fühlte sich wohl in seiner Einsamkeit, seinem Alleinsein und glaubte, einen großen Schritt in die richtige Richtung gemacht zu haben. War er selbstisch? Er hatte sich doch oft gewünscht, ein großes Herz, eine warme Seele zu haben, anderen zu helfen. Dennoch ging ihm Peter zunehmend auf die Nerven, der gar nicht daran dachte, sich eine eigene Bleibe zu suchen. Aber E sagte nichts.

Aus Isabell wurde er nicht klug. Im Seminar war sie lebhaft, munter wie die anderen. Die Nähe, Reinheit, die tiefe Empfindung, die unberührte Seele, der unschuldige Charme der Herzensnaivität – das hatte es doch gegeben in Berlin, zumal in der Abschiedsnacht. War es nur Kindlichkeit gewesen, die sich nun auswuchs? Hatte sie die große Seele verloren oder nur versteckt in ihrem Inneren? Fast grob benahm sich E gegenüber Isabell. Sie musste deswegen verletzt sein. Aber vielleicht war es ihr auch ganz egal. Sie kam und bat ihn, mit zum Tauber zum Mittagessen zu kommen. E sagte nur Nein und ging – und hätte sich dafür ohrfeigen können, aber da war es zu spät. Dann ging er doch mit allen ins Café, saß stumm unter ihnen. Es müsste ein Wunder geschehen, dass einer von ihnen den ersten Schritt täte. Isabell konnte nichts tun angesichts seines Verhaltens. Und E auch nicht, weil Isabell das womöglich als Annäherungsversuch in Liebe verstehen könnte. Gelänge es nur, sich einmal auszusprechen. E empfand sich als schwerfällig, hilflos, plump, grob, täppisch. Löste ihm doch einmal einer die Zunge und nähme ihm die Klötze von den Füßen.

Im Seminar ging es einigermaßen, aber nicht gut. E merkte, dass er das Spielen ganz verlernt hatte. Doch die anderen merkten es nicht. Den Werner aus Lessings »Minna von Barnhelm« kriegte er nicht hin. Der musste breit sein, urban, lustig, ein sympathischer Schwadroneur – Eigenschaften, die E nicht hatte. Trotzdem durfte er ihn spielen, als Neuer, als einer aus dem ersten Jahrgang. E freute sich, richtig spielen zu können, nicht nur Etüden, nicht nur vorsprechen wie in Hamburg. Er spielte auch gerne im Ensemble. Bei der Arbeit, schien E, ging es aufwärts, er lockerte sich. Im Leben sah es trüber aus. Er wollte sich niemandem nähern, solange er sich nicht sicher war, dass die andern ihn auch sympathisch fanden. Isabell war der wunde Punkt. Sie sagten sich immer nur freundlich Guten Tag. Es war aus, das war alles, sagte sich E und wollte es nicht wahrhaben.

Ein nicht abgeschickter Brief: *Liebe Isabell, sei bitte nicht böse, dass ich doch schreibe. Ich hatte zwar gesagt, dass es besser sei, nicht zu schreiben, und es auch ehrlich gemeint, jetzt bin ich nicht mehr überzeugt davon. Es tut zu weh, die Fäden so gewaltsam abzureissen, verstehe mich recht, ich will nicht weiter in Dich dringen, dazu liebe ich Dich zu sehr, ich verstehe Dein Verhalten und bin Dir auch nicht böse, glaube mir, aber lass uns Freunde bleiben, wenn Du das kannst und willst. Wenn es Dich nicht quält, schreibe mir, aber nur, wenn Du wirklich willst, nicht aus Mitleid und um mich zu trösten, denn, Isabell, es geht mir nicht um mich, um die Erfüllung meiner Liebe, dass das nicht möglich ist, habe ich eingesehen. Ich schreibe diesen Brief auch nicht, um doch noch einen Versuch zu unternehmen, denn Liebe kann nur aus dem eigenen Herzen kommen, man kann sie nicht in ein anderes hineintragen. Man kann nur den schon vorhandenen Keim zum Wachsen und Blühen bringen, und ich hatte geglaubt, dass es bei Dir so sei, dass ich der Schmetterling sein könnte, der nicht nur die Liebe in Dir erwecken könnte, sondern Dir auch aus Deiner Einsamkeit raushelfen könnte, denn Isabell, Du magst sie jetzt noch nicht als Gefängnis empfinden, denn sie hilft Dir jetzt noch, Dich vor dem, was Du erlebt hast und was Dich zutiefst getroffen hat, zu schützen, sie ist jetzt noch eine Insel, auf der Du alles vergessen kannst, aber glaube mir, eines Tages wirst Du in eine Sackgasse geraten und das Alleinsein Dir zum Fluch werden.*

Mit Isabell hatte er in der »Minna« eine Franziska-Werner-Szene. Sein Gesicht so rot wie seine Haare. Nur Krampf und Verlegenheit. Locker werden, mehr Mut, rief der Regisseur, du musst mit deiner Partnerin zusammen spielen. Isabell, vermutete E, war eingeschnappt wegen seines Benehmens. Das konnte er verstehen. Sie saßen im Tauber an verschiedenen Tischen und sahen sich nicht an. Wenigstens zog der ungarisch-argentinische Peter nach zwei Monaten endlich aus. E war immer wütender geworden über dessen Anwesenheit, aber nur innerlich, er sagte nie etwas. Er konnte nicht zu zweit sein, er würde nie heiraten können. Aber er konnte sich den anderen nicht völlig entziehen. Er ging dann doch mit zu Skat, Bier und Slivovitz, alle waren lustig, E nicht. Er war leer, er konnte nicht einmal mehr den Außenseiter spielen. Er dachte immer wieder, er sollte das Seminar, Wien verlassen, die Schauspielerei aufgeben; Selbstmord. Aber nichts davon würde er machen. Beim Spielen empfand er nichts mehr, er konnte keine Briefe mehr schreiben, am Schreiben interessierten ihn nur seine Hefte. Peter besuchte ihn und sah, dass E in der Nacht zuvor, als er angetrunken war, in das beschlagene, vereiste Fenster »Isabell ich liebe Dich« geschrieben hatte. E bat Peter, er beschwor ihn, nichts davon im Seminar zu sagen. E ging mit Peter, wie um ihn an sein Versprechen zu binden, lange spazieren in Grinzing. Peter klatschte viel beim Heurigen. Zu Hause tranken sie noch Glühwein und Peter teilte ihm das Geheimnis mit, dass Isabell vergewaltigt worden sei. Offenbar wussten das alle im Seminar. Pat schrieb ihm aus Hamburg und fragte nach »Deiner Isabell«. Man könne sie um dich beneiden, schrieb Pat, auf E könne man sich verlassen; man könne an seiner Seite einschlafen und sei sich sicher, E würde einen behüten. E war gerührt. Aber Pat war naiv. E stellte sich eine Szene vor, wie er im Seminar Isabell von Pats Brief erzählen würde, und malte sich einen Dialog aus: »E: Pat meint, man könne dich um mich beneiden«, Isabell: »Wieso« undsoweiter, Schwachsinn. Im Philosophieunterricht fragte der Professor Isabell, ob sie schon einmal verliebt gewesen sei. Isabell antwortete: nein. E klang es trotzig und gereizt. Er ging grußlos an ihr vorbei. Es war lächerlich. E dachte: Schlagt den Hund doch endlich tot, ins Kreuz, da ist er am schnellsten hin. Es geschah nichts.

Und da verliebte sich E in Martha. Es war unfassbar. Es war eine richtige große Liebe, aber sie würde sich nicht mehr verwirklichen lassen. Vor einem Jahr vielleicht. Aber nun war es zu spät. E wusste, dass er schon zu weit entfernt von den Menschen war. Er würde bald Schluss machen. Liebe und Todessehnsucht zerrissen ihn. E mochte Martha wirklich, aber es war einfach zu spät. Alles trudelte dem Ende zu, das von Anbeginn an in ihn gelegt war. Er konnte das Leben nicht mehr ertragen. Er musste ungebunden sein, frei; es tat ihm für Martha leid. E verbrachte die Weihnachtsferien bei seiner Familie. In der Mitte der großen Kreuzung vor dem Bahnhof stand ein Schutzmann auf einem Podest und leitete mit übertriebenen Bewegungen seiner Arme und der mit weißen Handschuhen bekleideten Hände den eher noch mageren Verkehrsstrom. Jedes zweite Auto hielt neben dem

Schutzmann an und legte ein buntes Päckchen neben das Podest auf der Verkehrsinsel. Die Mutter hatte für den Postboten ein buntes Päckchen mit Plätzchen und zwei Mark an die Tür gehängt, für die Müllmänner ein buntes Päckchen mit Plätzchen und zwei Mark auf die Mülltonne gelegt, ein gleiches für die Zeitungsfrau an den Briefkasten gehängt. Der Vater schimpfte jedes Weihnachten über die Kommerzialisierung des Weihnachtsfestes und hielt eisern am Prinzip Nur-ein-Geschenk-für-jeden fest, das die Mutter durchbrach, indem sie behauptete, Unterhosen seien kein richtiges Geschenk. Gern erzählte die Mutter an Heiligabend, an dem es Kartoffelsalat mit Würstchen gab, dass Weihnachten 1947, damals in München, ihre Cousine für einen 10-Kilo-Eimer Rübenkraut, den sie bei einem Bauern gegen Stumpen eingehandelt hatte, ein Paar Schuhe bekommen habe, die dann unter ihrem Weihnachtsbaum für die Mutter der Cousine gestanden seien, weil die Schuhe, die einzigen, die es gegeben habe, der Cousine zu klein gewesen seien, die dann weiter die Schuhe des vermissten Vaters habe tragen müssen. E kannte die Erzählung der Mutter auswendig. Am ersten Weihnachtsfeiertag gab es eine Gans aus der Bratröhre; abends Schnittchen, Moselwein und Käsegebäck. Nach dem zweiten Weihnachtsfeiertag sammelte die Mutter die Geschenkpapiere ein und bügelte die bunten Verpackungsbändel glatt. E hatte sich vorgenommen, ein letztes Mal Weihnachten und die Familie zu ertragen. Er gab den Zufriedenen, Erfolgreichen und Lustigen. Der Bruder spielte auf der Trompete wie Onkel Satchmo den St. Louis Blues. E parodierte wie Charlie Chaplin Hitler, große Heiterkeit, große Bewunderung, als er es wie Charlie schaffte, auf einer Hand zu stehen. Er rezitierte die »Ode an die Freude«, sang Weihnachtslieder laut mit. Niemand merkte, wie es in ihm aussah. Nur einmal, als er in einem zu theaterhaften Schwung auf dem Teppich ausrutschte und ihm die Teller, die guten, die mit dem Goldrand, zerbrachen, kam eine solche Wut und Verzweiflung über ihn, dass seine Mutter erschrak. Er kaufte neue Teller mit goldenem Rand und fuhr wieder nach Wien.

Die Fahrt nach Wien mit dem Zug dauerte einen Tag und eine Nacht und war nur bezahlbar, wenn man keinen Trans-Europ-Express, auch keinen Fernschnellzug benutzte. Die Fahrkarte hatte ihm der Vater, da E und sein Bruder keinen Wuermeling-Pass bekommen hatten, zu Weihnachten geschenkt; die Mutter verfügte über kein Konto, nur über das streng eingeteilte Haushaltsgeld, das in alten Briefumschlägen, auf denen die Monate geschrieben und nur die Jahreszahlen immer neu überschrieben waren, aufbewahrt wurde im Sekretär mit der herunterklappbaren Front. E reiste mit einem der zwei Koffern, die es in der Familie gab – der andere musste stets für die Fluchten der Mutter reserviert bleiben –, und seinem Matchsack, dessen Schnüre ihm in die Schulter schnitten. Der Koffer war schwer, auch von den Geschenken, zwei weitere Bände von Goethes Hamburger Ausgabe, eine Flasche Mampes Lufthansa-Cocktail, sodass er an seinen Händen wippte und zog und E oft die Seiten wechseln musste.

Der Gedanke an den Selbstmord tauchte in drei Phasen auf, das kannte er schon: Zunächst als ein Gedankenwisch, der stets in seinem Kopf lauerte, aber das war bedeutungslos. Dann als Möglichkeit, diesen miesen Zustand zu beenden, abzuhauen, das wäre realisierbar, aber es blieb hinter einer Glasscheibe. Aber dann sprang der Selbstmord ihn an, unmittelbar, er hatte ihn fest in seiner Umklammerung, dann war der Selbstmord kein Gedanke mehr, sondern Entschluss. Dieser Zustand war auch der Grund dafür, dass er in der Schule so oft versagt hatte. Der Zwang zum Selbstmord hatte ihn gelähmt. Am 24. Januar 1963 sprang ihn der Gedanke so heftig an, dass E überlegte, ob er es tun solle mit Schlaftabletten, ob er sich die Pulsadern aufschneiden solle, Luft in die Arterien spritzen. Wie das ging, wusste er aber nicht. Er schlief ein, ohne etwas getan zu haben, und schrieb sich anderntags einen Zettel, den er in die Hosentasche steckte: »Heute abend wird der Gashahn aufgedreht.« Er erinnerte sich, dass sein Vater gesagt hatte, einen weiteren Selbstmordversuch seines Sohnes überlebe er nicht. Er wollte den Vater, auch Martha schonen und so tun, als sei es ein Unglücksfall. Er würde einen Topf mit Kartoffeln auf den Herd stellen, der dann übergekocht wäre und die Gasflamme erstickt hätte. E dachte den Unterricht über nur: Heute wird der Gashahn aufgedreht. Doch Martha wollte nach dem Unterricht mit zu ihm nach Hause und dann in die Operette. Während E sich umzog, machte er viele Anspielungen: Ob sie wisse, dass Gérard Philippe schon mit 36 gestorben sei. Ob sie wisse, wann sie stürbe. Man müsse es wissen, damit man sein Leben planen und unter Kontrolle haben könne. Martha fragte, ob er denn wisse, wann er sterbe. E antwortete, er sterbe noch vor seinem 22. Geburtstag in vier Monaten. Aber warum denn? Weil es genau in seine bisherige Lebensführung passe. Es klang alles wie halb im Scherz. Dann gingen sie mit den anderen in die Operette von Marika Rökk. Sein Entschluss wankte nicht, aber er wurde schwerer. Als er sich von Martha an der Straßenbahn verabschiedete, war E froh, dass er das hinter sich hatte. Am Westbahnhof kaufte er sich eine Flasche Martini. Er hätte gern einen Abschiedsbrief an den Vater, an Martha geschrieben, aber das hätte verraten, dass es kein Unglück wäre. Wenigstens schrieb er auf alle Sachen, die Martha ihm geliehen hatte, die Bücher, die Platten, Marthas Namen. So bekäme sie ihre Sachen zurück. Es war Mitternacht, E hatte zwei Stunden Zeit, bis er den Gashahn aufdrehen würde. Er las in seinen Heften und fand:

19-X-59: *Warum aber beschloss Romeo zu sterben. Als er von dem vermeintlichen Tod Julias hört? Er sagt: »Ich biet euch Trotz, ihr Sterne.« Warum Trotz, ist es nicht vielmehr feige, dem Schmerz und der Trauer durch den Tod auszuweichen. Der Tod kann ihm jetzt, wo Julia tot ist, nicht viel mehr bedeuten, da ihn nichts mehr am Leben hält. Den Sternen trotzen hiesse doch eigentlich: nach all dem Unglück, das ihr Tod über mich gebracht hat, will ich weiterleben. Ihr könnt mich nicht in die Knie zwingen! Allerdings musste Romeo, vom Schluss her gesehen, sterben. Nur, starb er als Held oder als Feigling?*

E kochte die Kartoffeln, dann hörte er Musik, trank, rauchte und mühte sich, die Gedanken an die Familie, an Martha, an Isabell auch, den Gedanken an den großen, bedeutenden Schauspieler E zu unterdrücken. Um zwei Uhr drehte er den Gashahn auf. Er schlief am Tisch ein und wachte um drei Uhr wieder auf, schlotternd vor Kälte. Er hätte doch sterben müssen in dieser einen Stunde der Vergiftung. Er war aber nicht tot und ging ins Bett.

E besuchte mit Martha eine Fête. Sie waren lustig. E liebte Martha. Sie hatten gute Gespräche darüber, ob ein Schauspieler mehr Mensch oder mehr Techniker sein solle und wie beides zu verbinden sei.

[Nach dem 29. Januar 1963 gab es keinen Eintrag mehr.
E brachte sich im Februar um, mit Gas.]